Übungen zur angewandten Marktforschung

von

Dr. Guido Grunwald
Berufsakademie Emsland

Dr. Bernd Hempelmann
Welfenakademie Braunschweig

Oldenbourg Verlag München

Bibliografische Information der Deutschen Nationalbibliothek

Die Deutsche Nationalbibliothek verzeichnet diese Publikation in der Deutschen
Nationalbibliografie; detaillierte bibliografische Daten sind im Internet über
http://dnb.d-nb.de abrufbar.

© 2013 Oldenbourg Wissenschaftsverlag GmbH
Rosenheimer Straße 145, D-81671 München
Telefon: (089) 45051-0
www.oldenbourg-verlag.de

Das Werk einschließlich aller Abbildungen ist urheberrechtlich geschützt. Jede Verwertung
außerhalb der Grenzen des Urheberrechtsgesetzes ist ohne Zustimmung des Verlages unzulässig
und strafbar. Das gilt insbesondere für Vervielfältigungen, Übersetzungen, Mikroverfilmungen
und die Einspeicherung und Bearbeitung in elektronischen Systemen.

Lektorat: Dr. Stefan Giesen
Herstellung: Tina Bonertz
Titelbild: thinkstockphotos.de
Einbandgestaltung: hauser lacour
Gesamtherstellung: Grafik & Druck GmbH, München

Dieses Papier ist alterungsbeständig nach DIN/ISO 9706.

ISBN   978-3-486-73446-1
eISBN   978-3-486-73485-0

Vorwort

Marktforschung bezeichnet die systematische Erhebung (Gewinnung, Beschaffung) und Analyse (Auswertung) samt Aufbereitung und Interpretation von Daten über Märkte. Dieses Übungsbuch zur Angewandten Marktforschung ist als begleitende Lektüre zu unserem gleichnamigen Lehrbuch konzipiert. Der Aufbau dieses Buches orientiert sich am Aufbau unseres Lehrbuches. Hintergrund beider Lehrwerke zur angewandten Planung und Durchführung von Marktforschungsstudien ist die zu beobachtende wachsende Zahl an Praxisprojekten im Rahmen des Projektstudiums an Hochschulen, Berufsakademien und Universitäten. Das erklärte Ziel solcher Projektarbeiten besteht regelmäßig darin, auf der Grundlage selbst durchgeführter empirischer Untersuchungen, Handlungsempfehlungen für Unternehmen abzuleiten und damit betriebswirtschaftliche Entscheidungen zu fundieren.

Ziel dieses Übungsbuches ist es, dem Leser ein vertieftes Verständnis und eine Routine für die im Lehrbuch thematisierten Entscheidungsbereiche zur Datenerhebung und Datenanalyse entlang der Ablaufschritte einer typischen Marktforschungsstudie zu ermöglichen. Die im Rahmen von Marktforschungsstudien regelmäßig anfallenden Entscheidungen sollen an praxisbezogenen Aufgaben und Fällen nachvollzogen werden können. Zu jeder Aufgabe werden umfangreiche Lösungsansätze präsentiert, die jedoch nicht im Sinne von „Musterlösungen" als einzig denkbare Antworten zu verstehen sind. Vielmehr soll mit den angeführten Lösungsansätzen zu eigenständigen, erweiterten und unternehmensbezogenen Problemlösungen angeregt werden.

Ein Schwerpunkt wird zum einen auf die im Rahmen der Anwendung der verschiedenen Verfahren der Datenanalyse durchzuführenden Berechnungen gelegt. Zum anderen wird dem Thema der Reflexion und Gütebeurteilung von Marktforschungsstudien ein hoher Stellenwert eingeräumt. Denn viele Unternehmen – darunter eine beträchtliche Zahl kleiner und mittlerer Unternehmen – greifen zumeist auf extern beschaffte Studien zurück, die sie zunächst auf ihre Qualität prüfen müssen, um darauf Entscheidungen basieren zu können.

Besonders bedanken möchten wir uns an dieser Stelle bei unserem gemeinsamen akademischen Lehrer, Herrn Univ.-Prof. Dr. Dirk Standop, ehemaliger Inhaber des *Lehrstuhls für Betriebswirtschaftslehre, insbesondere Absatz/Marketing* des *Fachbereichs Wirtschaftswissenschaften* und Direktor des *Instituts für Mittelstandsfragen (IfMOS)* an der *Universität Osnabrück*, der uns zu diesem Buch inspirierte. Herrn Dr. Stefan Giesen vom Oldenbourg Verlag danken wir für die stets professionelle Zusammenarbeit.

Lingen/Ems – Braunschweig im Januar 2013 Dr. Guido Grunwald
PD Dr. Bernd Hempelmann

Inhaltsverzeichnis

Vorwort		**V**
Inhaltsverzeichnis		**VII**
1	**Gegenstand der Marktforschung**	**1**
2	**Ablauf einer Marktforschungsstudie**	**5**
3	**Untersuchungsziel**	**11**
4	**Datenerhebung**	**17**
4.1	Erhebungsumfang	17
4.2	Erhebungsmethode	22
4.3	Erhebungsdesign	31
5	**Datenanalyse**	**39**
5.1	Univariate Analyseverfahren	39
5.2	Bivariate Analyseverfahren	44
5.3	Multivariate Analyseverfahren	51
5.3.1	Verfahren der Dependenzanalyse	51
5.3.2	Verfahren der Interdependenzanalyse	86
5.4	Kombination von Analyseverfahren	111
6	**Qualitätsbeurteilung**	**123**
Literatur		**129**

1 Gegenstand der Marktforschung

Aufgabe 1: (Untersuchungsziele)

Die *Zisch Getränkewelt GmbH* in Lingen (Ems) ist ein mittelständischer Getränkegroßhandel, der die Gastronomie im Liefergebiet südliches Niedersachsen mit führenden Markenprodukten in den Bereichen alkoholfreie Getränke (AG), Bier (B) sowie Weinspezialitäten (W) beliefert. Seit einiger Zeit gibt es Grund zur Besorgnis. Nach jahrelangen guten Verkaufserfolgen gehen die Umsätze seit 2 Jahren – trotz erhöhter Werbeaufwendungen – drastisch zurück. Der Marktanteil der *Zisch GmbH* nahm innerhalb der 2 Jahre von 50 % auf 40 % ab. *Abbildung 1.1* zeigt die Umsatzentwicklung der drei Warengruppen der *Zisch GmbH* über die letzten Jahre.

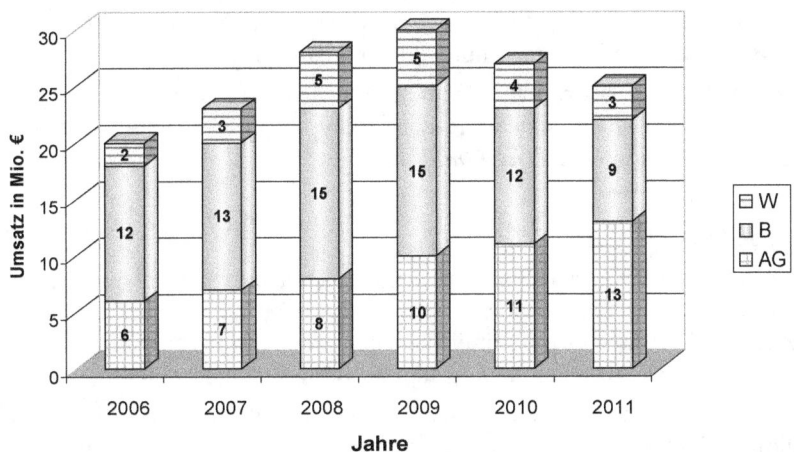

Abb. 1.1: Umsatzentwicklung der Zisch GmbH nach Warengruppen

Die Verkaufsabteilung hatte immer größere Schwierigkeiten, ihre Preisforderungen durchzusetzen. In vielen Verkaufsverhandlungen wurden Preiszugeständnisse erforderlich. Aufgrund der rückläufigen Umsatzzahlen versuchte das Unternehmen, im Beschaffungsbereich Kosten zu senken. Trotz Anwendung Kosten reduzierender Methoden ließ sich jedoch der Gewinnrückgang nicht aufhalten. Auf einer Abteilungsleitersitzung nimmt Herr Bitz, der Leiter der Marketingabteilung, zur aktuellen Situation am Absatzmarkt Stellung: „Sowohl im Biersegment als auch im Segment der Weinspezialitäten sind die Umsätze stark rückläufig. Über die wahren Gründe lässt sich zum gegenwärtigen Zeitpunkt nur spekulieren. Wir dürfen uns aber auf keinen Fall mehr wie früher darauf verlassen, dass der Absatz von alleine kommt. Die goldenen Zeiten, als unsere Produkte uns quasi aus der Hand gerissen wurden, sind ein für allemal vorbei."

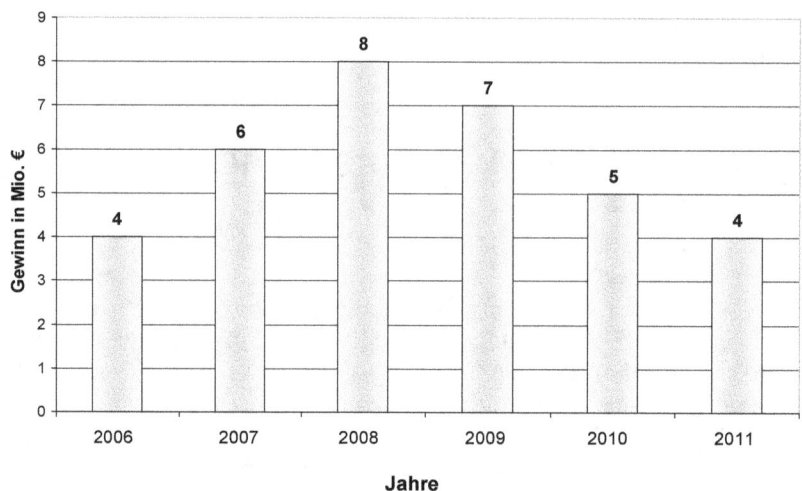

Abb. 1.2: Gewinnentwicklung der Zisch GmbH

Bevor eine Strategie zur Problemlösung festgelegt wird, möchte der Geschäftsführer, Herr Zischke, zunächst über die Ursachen für die gegenwärtige Situation aufgeklärt werden und bittet Sie als Mitarbeiter der Marketingabteilung um Unterstützung.

Geben Sie einen strukturieren Überblick über die möglichen Ursachen für die angespannte Absatzsituation der *Zisch GmbH*. Zeigen Sie den Analysebedarf sowie Ansatzpunkte zur Verbesserung der Absatzsituation der *Zisch GmbH* auf!

Lösung zu Aufgabe 1:

Die möglichen Gründe für die angespannte Situation auf dem Absatzmarkt lassen sich gemäß *Abbildung 1.3* auf einer ersten Stufe danach systematisieren, ob sie als marktbezogene Größen durch die *Zisch GmbH* (kurz- bzw. mittelfristig) selbst beeinflussbar sind oder aber als Umweltzustände von außen gegeben sind und kaum beeinflussbar erscheinen.

Zur letztgenannten Gruppe der **Umweltfaktoren** zählen insbesondere rechtliche Einflüsse (z. B. die Einführung des Dosenpfandes, Änderungen im Steuerrecht), wirtschaftliche Einflüsse (z. B. eine angespannte konjunkturelle Situation, Einkommensrückgänge bei Geschäfts- und/oder Privatkunden, Arbeitslosigkeit), technologische Faktoren (neue Zapfanlagen, Gastronomiekonzepte), gesellschaftliche Faktoren (etwa das Freizeitverhalten der Bevölkerung, der Stellenwert sozialer Kontakte und von Geselligkeit) sowie Umweltfaktoren im engeren Sinne wie ein verregneter Sommer, in dem generell weniger Getränke konsumiert werden.

1 Gegenstand der Marktforschung

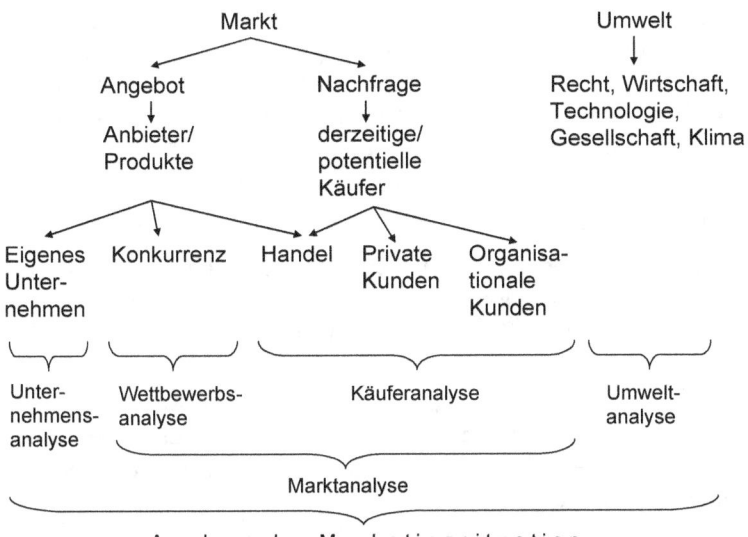

Abb. 1.3: Schema zur Analyse der Marketingsituation

Die vom Unternehmen *Zisch GmbH* prinzipiell beeinflussbaren **Marktfaktoren** als mögliche Gründe für den Umsatzrückgang lassen sich weiter in angebots- und nachfragebezogene Größen unterteilen. Das Angebot auf dem regionalen Getränkemarkt wird von der *Zisch GmbH* und seinen Wettbewerbern gebildet. Dem Handel kommt eine Zwitterrolle zu, da er sowohl Anbieter als auch Nachfrager von Produkten ist.

Unternehmensinterne Gründe für die schlechte Situation auf dem Absatzmarkt mögen unter anderem in einem veralteten Sortiment (vor allem in Bezug auf Wein und Bier), in einem schlechten Serviceangebot für die Gastronomie (z. B. unzureichende Unterstützung bei Großveranstaltungen), einem unqualifizierten Außendienst, mangelnder Lieferzuverlässigkeit sowie in zu hohen Preisen zu suchen sein. Im Rahmen einer **Unternehmensanalyse** sollten die Stärken und Schwächen der *Zisch GmbH* systematisch aufgedeckt werden.

Konkurrenzeinflüsse, wie insbesondere ein relativ besseres Angebot der Wettbewerber (z. B. eine größere Vielfalt bei den umsatzmäßig bedeutsamer werdenden alkoholfreien Getränken), geringere Preise der Konkurrenten etc., sind im Rahmen einer vergleichenden **Wettbewerbsanalyse** näher zu betrachten.

Im Rahmen der **Käuferanalyse** sind die Abnehmer der Produkte der *Zisch GmbH* zu untersuchen. Als Gründe für den Umsatzrückgang kommen sowohl eine Kaufzurückhaltung der direkten Kunden der *Zisch GmbH*, also der Gastronomiebetriebe, in Betracht wie auch ein Nachfragerückgang bei den indirekten Kunden, d. h. den Gästen der regionalen Gastronomiebetriebe. Möglicherweise ziehen die Gastronomiebetriebe infolge der zu hohen Preise und des schlechten Sortiments der *Zisch GmbH* vermehrt Konkurrenzlieferanten in Betracht, so dass die *Zisch GmbH* ihren Status als bevorzugter Lieferant (engl. preferred supplier) bei einigen Kunden bereits eingebüßt hat. Zum anderen mögen die Gastronomiebetriebe bereits auf Nachfrageänderungen ihrer Klientel reagiert haben, bei der sich ein Geschmackswandel hin zur gesundheitsbewussten Ernährung und alkoholfreien Getränken abzeichnet.

Wettbewerbs- und Käuferanalysen werden zur **Marktanalyse** verdichtet, zu deren Durchführung die Marktforschung Daten liefert, etwa durch Befragungen und Marktbeobachtungen (z. B. Marktpreisbeobachtungen). Unternehmens-, Markt- und Umweltanalysen werden zur **Analyse der Marketingsituation** (Situationsanalyse) verdichtet, die den Ausgangspunkt zur Ableitung von Marketingstrategien und -Maßnahmen bildet.

Aufgabe 2: (Marktkenngrößen)

Die *Metabohr GmbH* in Osnabrück produziert Heimwerker-Bohrmaschinen für den deutschen Markt. Im Jahre 2011 erzielte das Unternehmen mit dem Verkauf von Bohrmaschinen einen Umsatz von 600 Mio. €. Die übrigen Konkurrenten konnten insgesamt einen Umsatz von 2.600 Mio. € erwirtschaften.

Der größte Anbieter auf diesem Markt ist die *Gigabohr* AG mit Sitz in München, die im Jahre 2011 einen Umsatz von 800 Mio. € erzielen konnte. Die gesamte Aufnahmefähigkeit des deutschen Marktes für das Produkt Heimwerker-Bohrmaschine wird vom Marktforschungsinstitut *Infotest* auf 10.000 Mio. € geschätzt.

a) Berechnen Sie die absoluten Marktanteile der *Metabohr GmbH* und der *Gigabohr AG*!
b) Berechnen Sie den relativen Marktanteil der *Metabohr GmbH*! Interpretieren Sie den ermittelten Wert!
c) Wie groß ist das Marktpotenzial?
d) Wie weit ist das Marktpotenzial schon ausgeschöpft?

Lösung zu Aufgabe 2 a):

Der Gesamtumsatz aller Anbieter im Markt, das so genannte Marktvolumen, beläuft sich auf 3.200 Mio. € (= 600 Mio. € + 2.600 Mio. €).

Der (**wertmäßige**) **Marktanteil** der *Metabohr GmbH* beträgt daher 600 Mio. €/3.200 Mio. € * 100 % = 18,75 %.

Der (wertmäßige) Marktanteil der *Gigabohr AG* beträgt 800 Mio. €/3.200 Mio. € * 100 % = 25 %.

Lösung zu Aufgabe 2 b):

Der **relative Marktanteil** der *Metabohr GmbH* beträgt 600 Mio. €/800 Mio. € * 100 % = 75 %. Dies bedeutet, dass die *Metabohr GmbH* 75 % des Marktanteils des Marktführers erreicht.

Lösung zu Aufgabe 2 c):

Das **Marktpotenzial** wurde durch das Marktforschungsinstitut *Infotest* auf 10.000 Mio. € geschätzt.

Lösung zu Aufgabe 2 d):

Das Marktpotenzial wird zu 3.200 Mio. €/10.000 Mio. € * 100 % = 32 % ausgeschöpft.

2 Ablauf einer Marktforschungsstudie

Aufgabe 3: (Konzeption einer Kundenbefragung, Verzahnung von Erhebung und Analyse)

Ein mittelständischer Landmaschinenhersteller mit Kunden im In- und Ausland will ermitteln, wie zufrieden seine Kunden mit den angebotenen Produkten und Kundendienstleistungen sind. Zu diesem Zweck soll eine Kundenbefragung durchgeführt werden.

Erläutern Sie ausführlich die einzelnen Entscheidungsprobleme, die bei der Konzeption einer solchen Befragung zu lösen sind. Gehen Sie dabei auch auf den Zusammenhang zwischen der Planung der Datenerhebung und den Möglichkeiten zur Datenanalyse ein.

Lösung zu Aufgabe 3:

Da das Erhebungsziel mit der Aufdeckung der Kundenzufriedenheit bezogen auf Produkte und Kundendienstleistungen bereits hinreichend präzise formuliert und die Erhebungsmethode mit der Befragung bereits festgelegt wurden, sind im Wesentlichen nun noch der Erhebungsumfang, die Befragungsart sowie das Erhebungsdesign zu bestimmen (vgl. *Abbildung 2.1* sowie Grunwald/Hempelmann 2012, S. 9 ff.).

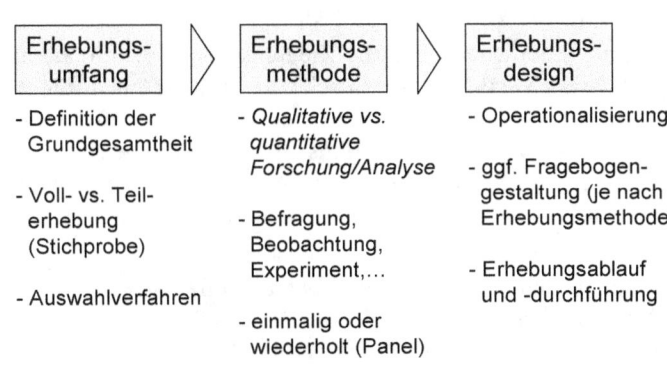

Abb. 2.1: Planung der Datenerhebung

Die Festlegung des **Erhebungsumfangs** bezieht sich mit der Definition der **Grundgesamtheit** auf den Personenkreis in sachlicher, räumlicher und zeitlicher Hinsicht, auf welchen sich die aus der Marktforschungsstudie gewonnenen Schlussfolgerungen beziehen sollen. Wir gehen infolge der wenig spezifizierten Fallbeschreibung davon aus, dass der Landmaschinenhersteller Aussagen über den Zufriedenheitsgrad seiner gesamten Kundschaft im In- und Ausland im Hinblick auf die derzeitig genutzten Maschinen gewinnen möchte, wobei sich die Kunden bei ihren Aussagen einheitlich auf genutzte Produkte und Leistungen und etwaige Qualitätsprobleme in den letzten beiden Jahren fokussieren sollen. Eine zu weit gefasste Zeitspanne hätte den Nachteil, dass Erinnerungslücken Ergebnisse verfälschen könnten, da Kunden beispielsweise nur über besonders gravierende Probleme berichten würden, die vergleichweise leicht aus dem Gedächtnis abrufbar sind. In der psychologischen Entscheidungstheorie wird dieser Effekt als Entscheidungsanomalie unter der Bezeichnung Verfügbarkeitsheuristik diskutiert (vgl. Tversky/Kahnemann 1974, S. 1127; Eisenführ/Weber 2003, S. 176; Jungermann/Pfister/Fischer 2005, S. 173 ff.). In der Folge würden also vermutlich als weniger ernst wahrgenommene Qualitätsprobleme in den Befragungsergebnissen unterrepräsentiert sein, da sie infolge fehlender Eindringlichkeit weniger leicht erinnert werden. Gleichwohl dürfte aber das Qualitätsmanagement des Landmaschinenherstellers nicht nur an Erkenntnissen über die für sie selbst relativ leicht erkennbaren größeren Probleme interessiert sein. Gerade Informationen über die versteckten, nicht offenkundigen Qualitätsprobleme (z. B. im Servicebereich) sollen durch die Marktforschung aufgedeckt werden, welche das Qualitätsmanagement ohne die Äußerungen der Kunden kaum oder nur sehr aufwändig selbst aufzudecken vermag.

Nachdem die Grundgesamtheit definiert wurde, ist zu entscheiden, ob wirklich alle Kunden (also die Grundgesamtheit) im Rahmen einer **Vollerhebung** zu ihrer Zufriedenheit befragt werden sollen oder ob lediglich eine Teilmenge der gesamten Kundschaft, eine so genannte Stichprobe, im Rahmen einer **Teilerhebung** befragt werden soll. Die Antwort auf diese Frage hängt zum einen wesentlich davon ab, wie verschiedenartig (heterogen) die Kunden sind, etwa gemessen an der Kundengröße, den gekauften Produkten und dem Kundenstandort, bzw. welche Antwortvarianz auf die Frage nach der Zufriedenheit zu erwarten ist. Bei heterogener (homogener) Kundschaft und hoher (geringer) erwarteter Antwortvarianz sollte die Stichprobe tendenziell groß (klein) gewählt werden. Zum anderen hängt die Wahl des Erhebungsumfangs davon ab, wie viele Kunden das Unternehmen überhaupt hat. Bei überschaubarer Anzahl an Kunden, wovon im vorliegenden Fall ausgegangen wird, könnte das Unternehmen mit vertretbarem Aufwand sogar eine Vollerhebung durchführen.

Sofern sich das Unternehmen für eine Teilerhebung und die Ziehung einer Stichprobe entschieden hat, ist zudem über das **Auswahlverfahren** zu entscheiden, mit welchem die zu befragenden Kunden aus der Menge aller Kunden ausgewählt (gezogen) werden. Hierbei kommen sowohl zufällige Auswahlverfahren (einfache Zufallsauswahl, Klumpenauswahl, geschichtete Auswahl) als auch nicht-zufällige Auswahlverfahren (Auswahl aufs Geratewohl, Quotenauswahl, Konzentrationsverfahren) sowie Kombinationen dieser Verfahren in Betracht (vgl. Grunwald/Hempelmann 2012, S. 38).

Der Erhebungsaufwand hängt aber nicht nur von der Anzahl der zu befragenden Kunden, sondern auch von der gewählten **Erhebungsmethode** ab, die im nächsten Schritt festzulegen ist. Bei der Erhebungsmethode hat sich das Unternehmen bereits im Vorfeld auf die Befragung festgelegt, da es sich bei Zufriedenheit um ein psychisches Konstrukt handelt, das sich nicht (allein) an dem Verhalten der Kunden (z. B. ihrem Beschwerdeverhalten) ablesen lässt.

Grundsätzlich zu entscheiden ist an dieser Stelle darüber, ob mit einigen ausgewählten (wichtigen) Kunden freie (explorative) Interviews auf der Basis offener Fragen geführt werden sollen, also ob ein **qualitativer Forschungsansatz** gewählt wird. Die Alternative besteht in einem **quantitativen Forschungsansatz**, für den eher große und repräsentative Stichprobenumfänge und geschlossene Fragen typisch sind. Für einen qualitativen Ansatz spricht die Möglichkeit, über ausführliche Kundenäußerungen auf die hinter etwaigen Qualitätsproblemen stehenden Ursachen schließen zu können, die durchaus komplexer Natur sein mögen. Solche, auch in dem Verwendungsverhalten der Kunden liegende Ursachen mögen sich andererseits über einen Standardfragebogen kaum erfassen lassen, zumal auch große Unterschiede in Bezug auf die erworbenen Produkte und Dienstleistungen zu erwarten sind. Die Aus-

2 Ablauf einer Marktforschungsstudie

wertung solcher tiefenspsychologischer Interviews könnte mit Hilfe der Inhaltsanalyse (Content-Analyse) erfolgen (vgl. Grunwald/Hempelmann 2012, S. 137). Auf der anderen Seite wäre der Aufwand zur Durchführung solcher Gespräche bei einem großen Kundenstamm sowie deren Auswertung durch Inhaltsanalysen vergleichsweise aufwendig, weshalb sich das Unternehmen auf einen quantitativen Forschungsansatz verständigt. Die Vorteile liegen hier vor allem in der einfachen Durchführung und Auswertbarkeit mit den Standardmethoden der Statistik.

Zu entscheiden ist aber hier noch weiter über die **Befragungsform**, wobei grundsätzlich die schriftliche Form (Verschicken von Fragebögen per Post oder per E-Mail) wie auch die mündliche Form (hier vor allem Interviews per Telefon) in Betracht kommen (vgl. Grunwald/Hempelmann 2012, S. 48). Da den viel beschäftigten Geschäftskunden ausreichend Zeit für die Beantwortung der Fragen eingeräumt werden soll, die Frageninhalte sich auf einen längeren Zeitraum, nämlich Produkterfahrungen der letzten zwei Jahre, beziehen, und E-Mail-Umfragen häufig mit unseriösen Werbepraktiken assoziiert werden und entsprechende Mails häufig unmittelbar gelöscht werden bzw. in den Spam-Filter geraten, fällt die Wahlentscheidung auf die schriftliche postalische Befragungsform.

Im nächsten Schritt ist über das **Erhebungsdesign**, insbesondere die **Operationalisierung** der Fragen und die Fragebogengestaltung, zu befinden. Der Anbieter entscheidet sich dafür, Zufriedenheit direkt abzufragen und nicht durch separates Abfragen und Abgleich von Erwartungen (Soll-Komponente) und wahrgenommener Leistung (Ist-Komponente) indirekt zu ermitteln. Das Unternehmen rechtfertigt diese Entscheidung damit, dass Erwartungen und wahrgenommene Leistung nicht unabhängig voneinander sind und sich Kunden bei separater Erhebung beider Größen erst an ihre vor dem Kauf gehegten Erwartungen zurückerinnern müssten. Eine solche als künstlich erlebte Erhebungssituation würde mit überrationalisiertem Antwortverhalten einhergehen und sich entsprechend negativ in der internen Validität der Befragungsergebnisse niederschlagen.

Bei der **Fragebogengestaltung** ist insbesondere die Reihenfolge der Fragen festzulegen. Der Anbieter entscheidet sich dafür, die Teilzufriedenheiten in Bezug auf einzelne Aspekte der Service- und Produktqualität in einem ersten Schritt und die Gesamtzufriedenheit mit dem Anbieter am Schluss des Fragebogens abzufragen (vgl. Grunwald/Hempelmann 2012, S. 65). Dieser Schritt erfolgt zur Vermeidung etwaig auftretender Ausstrahlungseffekte, bei denen Kunden von ihrem Gesamturteil auf die Teilurteile schließen und nicht mehr spontan und unverfälscht antworten würden. Außerdem sollen alle Kunden bei der Gesamtbeurteilung des Anbieters einheitlich alle zuvor abgefragten Einzelurteile einfließen lassen. Ein umgekehrtes Vorgehen kann nämlich dazu führen, dass uneinheitlich manche Kunden in ihrem Gesamturteil über den Anbieter z. B. nur die Produktqualität und nicht die Servicequalität und vice versa berücksichtigen würden.

Da der Anbieter auch an den Konsequenzen unterschiedlicher Zufriedenheitsgrade für die Kundenbindung interessiert sein dürfte, empfiehlt sich, durch ein zusätzliches Item auch den Kundenbindungsgrad (z. B. in der Facette der Weiterempfehlungsabsicht) mit abzufragen. Damit kann der Landmaschinenhersteller, wie in *Abbildung 2.2* dargestellt, den Zusammenhang zwischen Kundenzufriedenheit und **Kundenbindung** visualisieren.

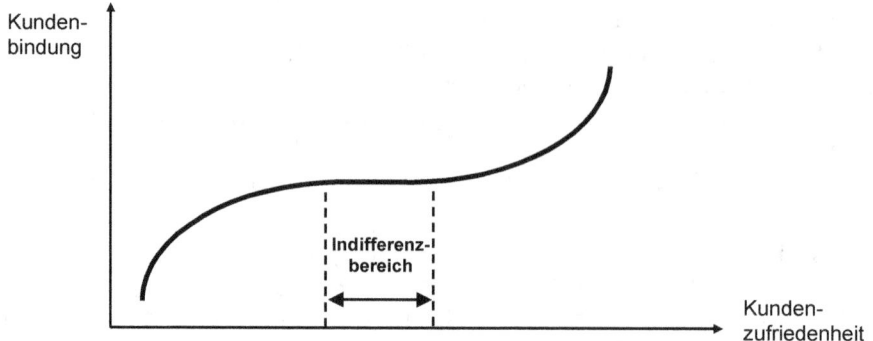

Abb. 2.2: Möglicher Zusammenhang zwischen Kundenzufriedenheit und Kundenbindung

Dies ist insbesondere vor dem Hintergrund der häufig empirisch festgestellten Existenz eines Indifferenzbereichs der Kundenzufriedenheit relevant, in welchem eine Steigerung der Kundenzufriedenheit keine merklichen Auswirkungen auf die Kundenbindung entfaltet. Da die Steigerung der Kundenzufriedenheit regelmäßig auch mit Kosten verbunden sein wird, sollte die Marktforschung des Anbieters den an der Steigerung der Kundenbindung gemessenen Nutzen einer Zufriedenheitssteigerung vor dem Hintergrund eines wertorientierten Marketings den Entscheidern in der Marketingabteilung transparent machen. Deutlich erkennbar ist an dieser Stelle die notwendige enge Verzahnung von Planung der Datenerhebung und den Möglichkeiten der Datenanalyse. Letztere sollte der Marktforscher nicht durch ein unpassend gewähltes Erhebungsdesign kurzsichtig einengen (vgl. Grunwald/Hempelmann 2012, S. 142).

Ähnliche Überlegungen sind auch anzustellen im Hinblick auf die Berücksichtigung der **Wichtigkeit** einzelner Leistungsbereiche des Anbieters. Hohe Kundenzufriedenheit ist vor allem in jenen Produkt- und Servicebereichen anzustreben, die von den Kunden des Anbieters auch als wichtig eingestuft werden. Sind die Kunden hingegen mit für sie wenig bedeutsamen Leistungen des Anbieters hoch zufrieden, so dürfte ein solcher Vorteil aus Sicht des Anbieters als irrelevant einzustufen sein. Folglich ist es ratsam, neben der Erfassung der Zufriedenheit auch die Möglichkeit der Einstufung der Wichtigkeit von Teilleistungen im Erhebungsdesign zu verankern. Damit werden Portfolioanalysen, wie in *Abbildung 2.3* dargestellt, ermöglicht, die eine Einteilung der gesamten Kundschaft in Kundensegmente nach dem Grad der Zufriedenheit und der Wichtigkeit des Merkmals (z. B. Wartungsservice) nahelegen. Hiermit wird zugleich die Voraussetzung für einen differenzierten, effizienten Einsatz der Marketinginstrumente geschaffen. Hinsichtlich der Berücksichtigung der Wichtigkeit von Teilleistungen kommen grundsätzlich zwei Möglichkeiten in Betracht: Entweder es wird direkt im Fragebogen neben der Zufriedenheit auch die Wichtigkeit mit den einzelnen Produkt- und Serviceangeboten des Anbieters mit abgefragt oder es wird die Wichtigkeit im Nachhinein analytisch per Regressionsanalyse bestimmt. Der letztere Weg ist nur dann offen, wenn im Fragebogen neben den Zufriedenheiten mit einzelnen Teilleistungen des Anbieters auch die Gesamtzufriedenheit mit dem Anbieter abgefragt wird. Auch an diesem Beispiel zeigt sich die erforderliche Berücksichtigung der Analysemöglichkeiten bereits im Stadium der Planung der Datenerhebung.

2 Ablauf einer Marktforschungsstudie

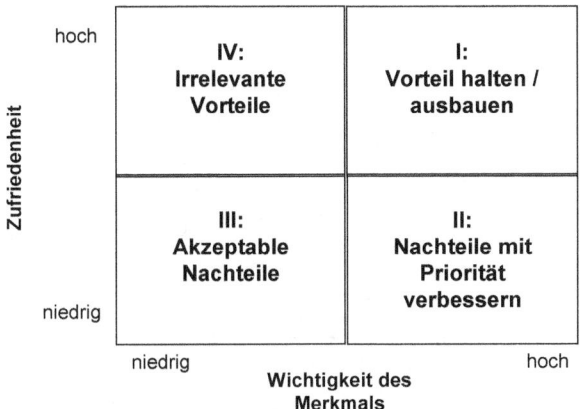

Abb. 2.3: Wichtigkeits-Zufriedenheits-Portfolio (vgl. Matzler et al. 2005, S. 4; Tontini/Silveira 2007, S. 484)

Da auch untypische extreme, d. h. besonders positive wie auch negative, Erfahrungen der Kunden mit dem Anbieter deren Zufriedenheitsurteile maßgeblich prägen und verfälschen mögen, fragt der Anbieter im Schlussteil des Fragebogens auch nach den extremen (positiven wie negativen) Kundenerfahrungen der jüngeren Vergangenheit (sog. **Critical Incident Technique**). Bei Bedarf können hierüber nachträglich Gruppen von Kunden nach ihren extremen Vorerfahrungen gebildet und gegebenenfalls separat analysiert werden.

Schließlich wird der **Befragungszeitraum** mit drei Wochen so bemessen, dass alle Kunden eine faire Chance erhalten, die Fragen ohne Zeitdruck zu beantworten und auch bei Mitarbeitern Erkundigungen über die Qualität der gekauften Produkte und Serviceleistungen (z. B. Reparaturen, Wartungen) über den Betrachtungszeitraum einzuholen und diese ausführlich zu evaluieren.

3 Untersuchungsziel

Aufgabe 4: (Phasen von Kaufentscheidungsprozessen)
Marketingmaßnahmen können an unterschiedlichen Phasen des Kaufentscheidungsprozesses von Konsumenten ansetzen. Erläutern Sie die typischen Phasen, in die sich der Kaufentscheidungsprozess für ein höherwertiges Gebrauchsgut (z. B. Plasmafernseher) zerlegen lässt und zeigen Sie anhand selbst gewählter Beispiele auf, welche Marketingmaßnahmen sich zur Unterstützung dieses Prozesses in welcher der Phasen besonders eignen und welche Aufgaben die Marktforschung in den einzelnen Phasen zu erfüllen hat.

Lösung zu Aufgabe 4:
Ein **extensiver Kaufentscheidungsprozess** ist vor allem beim Kauf höherwertiger und selten gekaufter Produkte zu erwarten, an die sich ein Käufer über eine längere Zeit bindet. Diese Faktoren begünstigen das Auftreten eines höheren **wahrgenommenen Kaufrisikos**, das den Käufer höher involviert, begleitet von einer intensiven **Informationssuche** und **Alternativenbewertung**. Es kommt zur Einstellungsbildung vor dem Kauf. *Abbildung 3.1* veranschaulicht einen typischen Kaufentscheidungsprozess.

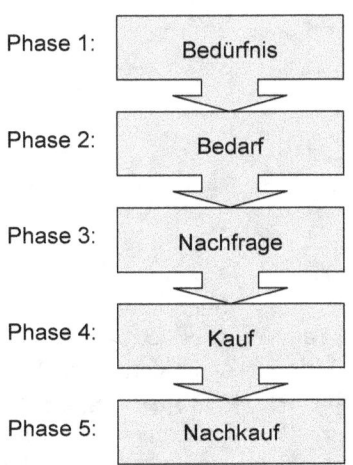

Abb. 3.1: Typischer Kaufentscheidungsprozess

In *Phase 1* (**Bedürfnis**) empfindet der Konsument einen Mangel, verbunden mit dem Wunsch, diesen zu beseitigen. Aufgabe der Marktforschung ist es, die Bedürfnisse (potentieller) Käufer regelmäßig zu erheben und auszuwerten, wobei auch unterschwellig (latent) vorhandene Bedürfnisse aufzuspüren sind, die eine zukünftige Nachfrage erwarten lassen.

Aufgabe des Marketings ist es, z. B. durch kommunikationspolitische Maßnahmen Bedürfnisse auszulösen, zu verstärken und bei Konsumenten aktuell zu halten.

In *Phase 2* (**Bedarf**) konkretisiert der Konsument, wie sein Bedürfnis befriedigt werden kann. Unter Bedarf versteht man dabei nur jenen Teil der Bedürfnisse, zu deren Befriedigung Kaufkraft und auch Zeit vorhanden sind. Aus Anbietersicht stellt sich die auch von der Marktforschung zu beantwortende Frage, welche Produkte für die Bedürfnisbefriedigung im Grundsatz geeignet sind und welche Mindestanforderungen diese erfüllen müssen. Das Marketing hat dafür zu sorgen, den Übergang vom Bedürfnis zum Bedarf zu erleichtern, z. B. durch Finanzierungsangebote oder die Vereinfachung des Kaufaktes durch Online-Shopping.

In *Phase 3* (**Nachfrage**) sucht der Konsument im Markt nach einem geeigneten Objekt zwecks Kauf. Die Marktforschung hat hier die für den Käufer zentralen Kaufentscheidungskriterien zu ermitteln, die dieser bei der vergleichenden Bewertung der alternativen Produkte heranzieht (z. B. Preis-Leistungs-Verhältnisse der Produkte, Zusatzleistungen wie Garantien). *Abbildung 3.2* zeigt einige Beispiele für Kaufentscheidungskriterien auf, deren Relevanz von der Marktforschung, z. B. über Ratingskalen, ermittelt werden kann.

Beispiel: Kriterien bei einer Kaufentscheidung	Beurteilung		
	niedrig	mittel	hoch
	1 2 3	4 5 6	7 8 9
Wichtigkeit Beratung		●	
Rückgriff auf Warentests		●	
Infos von Bekannten			●
Verwendung auf Probe	●		
Umtausch-/Rückgabemögl.		●	
Bekanntheit des Händlers		●	
Beachtung der Werbung			●
Existenz von Prüfsiegeln		●	

Abb. 3.2: Typische Kaufentscheidungskriterien – bewertet durch Ratingskala

Das Marketing hat in dieser dritten Phase dafür zu sorgen, dass das Angebot des betreffenden Anbieters von Plasmafernsehern im Markt für Konsumenten hinreichend sichtbar ist. Dies kann einerseits durch ein Alleinstellungsmerkmal (sog. **unique selling propsition**) erreicht werden, z. B. durch ein sich von Wettbewerbern abgrenzendes Produktdesign oder ein besonders günstiges Preis-Leistungs-Verhältnis, oder auch durch eine breite Distribution (Ubiquität) der Produkte über die parallele Nutzung verschiedener Vertriebskanäle (**Mehrkanalvertrieb**).

In *Phase 4* (**Kauf**) steht der Käufer unmittelbar vor der Kaufentscheidung und führt beispielsweise letzte klärende Gespräche mit einem Verkäufer im Ladenlokal. Häufig nehmen Käufer gerade in dieser Phase ein erhöhtes Kaufrisiko wahr, weil sie sich mit dem Kauf für längere Zeit an ein und dasselbe Produkt binden. Sie mögen etwa infolge rasch eintretender technologischer Neuerungen drastische Preisreduktionen bei dem gekauften Produkt befürchten, wodurch sich das Preis-Leistungs-Verhältnis schon kurze Zeit nach dem Kauf als ungünstig herausstellen mag. In dieser Phase kommt dem Marketing insbesondere die Aufgabe zu, solche wahrgenommenen Kaufrisiken abzubauen, beispielsweise durch überzeugende Verkaufsgesprächsführung, durch Verweis auf umfangreiche Garantien oder auf andere hoch zufriedene Kunden. Bei technisch komplexen Produkten könnte auch ein Aufbauservice vor Ort für Käufer eine wertvolle Hilfe darstellen.

In *Phase 5* („Nachkauf") benutzt der Käufer das Produkt und wendet dabei eine bestimmte Verwendungssorgfalt an, d. h. er geht mehr oder weniger sorgsam mit dem Produkt um (vgl. Asche 1990). Da somit nicht nur der Anbieter mit der Festlegung der eingebauten Produktqualität, sondern auch der Käufer selbst über das von ihm gewählte Niveau seiner Verwendungssorgfalt den Konsumerfolg determinieren, kommt dem Marketing in der Nachkaufphase unter anderem die Aufgabe zu, den Käufer angemessen (etwa unter Berücksichtigung seiner Produktkenntnisse) über Produktrisiken und eine sichere, die Funktionalität des Produktes voll entfaltende Verwendungsweise zu informieren. Hierzu eignen sich beispielsweise Produkt- und Packungsaufschriften und einfach verständliche Gebrauchsanweisungen. Zudem mögen Serviceleistungen des Anbieters (z. B. Aufbauhilfen, Schulungsmaßnahmen), ein freundlicher und kompetenter Kundendienst sowie ein umfassendes Beschwerdemanagement helfen, Unzufriedenheit zu vermeiden oder abzubauen. Aufgabe der Marktforschung ist hier die regelmäßige Erfassung und Analyse der Kundenzufriedenheit und der Kundenbindung, um bei Bedarf rechtzeitig gegensteuernde Maßnahmen einleiten zu können.

Aufgabe 5: (Wahrgenommenes Kaufrisiko)
Welche Faktoren können einen Kaufentscheidungsprozess von Konsumenten hemmen? Erläutern Sie in diesem Zusammenhang insbesondere die unterschiedlichen Arten des wahrgenommenen Kaufrisikos.

Lösung zu Aufgabe 5:
Kaufentscheidungsprozesse können unter anderem durch eine wenig glaubwürdige Produktkommunikation des Anbieters (z. B. weit überdurchschnittliche Garantiezusagen, sich widersprechende Äußerungen von Verkäufern), negative Presseberichte (z. B. Warentests), unrealistisch hohe Erwartungen der Käufer und vor dem Kauf wahrgenommene Risiken (v. a. bei teuren, langfristig benutzten und selten gekauften Produkten) gehemmt werden. *Tabelle 3.1* verdeutlicht unterschiedliche **Arten des wahrgenommenen Kaufrisikos**.

Tab. 3.1: Arten des wahrgenommenen Kaufrisikos

Finanzielles Risiko	Gefahr finanzieller Einbußen im Falle eines Fehlkaufs, die eingesetzten Geldmittel nicht mehr für andere Zwecke einsetzen zu können
Soziales Risiko	Gefahr, bei Freunden oder Bekannten an Sozialprestige zu verlieren, wenn das Produkt nicht bestimmten Normen entspricht
Physisches oder gesundheitliches Risiko	Die vom Produkt ausgehenden Gefahren für Gesundheit und Leben des Käufers oder Benutzers
Funktionales Risiko	Gefahr mangelnder Funktionstüchtigkeit bzw. eingeschränkte Einsatzmöglichkeiten des Produkts
Psychisches Risiko	Gefahr, mit dem Kauf unzufrieden zu sein

Aufgabe 6: (Einstellungsmessung)

Der Absatz der *Applitronic GmbH*, eines Anbieters elektrischer Haushaltsgeräte, ist im dritten Geschäftsjahr in Folge gesunken. Um dieser Entwicklung entgegen zu wirken, erwägt das Unternehmen den Einsatz einer Werbekampagne zur Verbesserung der Einstellungen der Konsumenten gegenüber der Produktpalette von *Applitronic*. Allerdings bestehen im Unternehmen Widerstände gegen diese Pläne, die nicht zuletzt mit Schwierigkeiten bei der Messung von Einstellungen begründet werden.

a) Erläutern Sie den Begriff Einstellung sowie die Komponenten, in die die Einstellung gewöhnlich unterteilt wird.

b) Beschreiben Sie die Arbeitsschritte einer Einstellungsmessung gemäß der Likert-Skalierung. Wodurch unterscheidet sich dieser Messansatz vom Fishbein-Modell?

Lösung zu Aufgabe 6 a):

Unter dem Begriff **Einstellung** wird die gelernte, vergleichsweise dauerhafte Bereitschaft eines Individuums verstanden, auf bestimmte Stimuli (z. B. eine Marke oder einen Anbieter) in konsistenter Weise positiv oder negativ zu reagieren. Gewöhnlich werden drei Einstellungskomponenten voneinander differenziert. Die **kognitive Komponente** beinhaltet das (subjektive oder objektive) Wissen um die Eigenschaften des Einstellungsobjektes. Die **affektive Komponente** bezieht sich auf die (emotionale) Bewertung der Objekteigenschaften durch das Individuum. Die **konative Komponente** bezieht sich auf die Verhaltensdisposition gegenüber dem Objekt und damit auf die Frage, inwiefern sich eine vorhandene Einstellung im Verhalten reflektiert.

Lösung zu Aufgabe 6 b):

Die Methode der **Likert-Skalierung** beruht auf den folgenden Schritten:

1. Einer Gruppe von Testpersonen werden zwei gleich große Mengen von Aussagen (Items) zum Untersuchungsgegenstand vorgelegt, die a priori als „günstig" bzw. als „ungünstig" klassifiziert werden können. Geeignete Aussagen sind dabei gegebenenfalls im Rahmen einer Voruntersuchung zu ermitteln.
2. Die Testpersonen äußern ihre Haltung zu jedem Item wobei die folgenden Antwortkategorien vorgegeben sind: Uneingeschränkte Zustimmung, Zustimmung, Unentschiedene Haltung, Ablehnung, Starke Ablehnung.
3. Jeder dieser Antwortkategorien wird ein numerischer Wert zugeordnet und zwar +2, +1, 0, –1, –2 bei günstigen Items bzw. –2, –1, 0, +1, +2 bei ungünstigen Items.
4. Das Ergebnis einer Testperson wird als Summe der ihrer Antworten zugeordneten numerischen Werte errechnet.

Die Likert-Skalierung ist ein Verfahren der **eindimensionalen Einstellungsmessung**, das sich (primär) auf die affektive Einstellungskomponente bezieht. Demgegenüber zählt das Fishbein-Modell zu den Ansätzen der **mehrdimensionalen Einstellungsmessung**, die eine explizite Trennung der kognitiven und der affektiven Einstellungskomponente vornehmen.

3 Untersuchungsziel

Aufgabe 7: (Einstellungsmessung, Likert-Skalierung)

Sie arbeiten in einem Marktforschungsinstitut, das den Auftrag hat, die Einstellung von Konsumenten zu dem Unternehmen *Adam Opel AG* zu erfassen. Als Methode schlagen Sie die eindimensionale Einstellungsmessung nach Likert vor.

a) Formulieren Sie insgesamt 6 Items, von denen 3 auf eine günstige und die übrigen 3 auf eine ungünstige Einstellung zu *Opel* schließen lassen.

b) Beantworten Sie die selbst formulierten Items anhand der vorgesehenen Antwortkategorien und berechnen Sie Ihren Einstellungswert zu *Opel*. Welche Aussage lässt sich anhand Ihres Einstellungswertes treffen?

c) Stellen Sie die Unterschiede zwischen Likert-Skalierung und einer Einstellungsmessung nach dem Fishbein-Modell heraus.

Lösung zu Aufgabe 7 a):

Item 1: Die *Adam Opel AG* ist ein seit langem im Markt etablierter und erfolgreicher Automobilhersteller. (günstig)

Item 2: Die Automobile der *Adam Opel AG* sind wenig innovativ. (ungünstig)

Item 3: Die Automobile der *Adam Opel AG* weisen einen geringen Benzinverbrauch auf. (günstig)

Item 4: Die Automobile der *Adam Opel AG* weisen Defizite bei der Verarbeitungsqualität auf. (ungünstig)

Item 5: Die Automobile der *Adam Opel AG* sind überdurchschnittlich sicher. (günstig)

Item 6: Die Automobile der *Adam Opel AG* liefern ein schlechtes Preis-Leistungs-Verhältnis. (ungünstig)

Lösung zu Aufgabe 7 b):

Tab. 3.2: Ermittlung des Einstellungswertes am Beispiel eines Probanden

Item/Aussage	Einschätzungen
Die Adam Opel AG ist ein seit langem in Markt etablierter und erfolgreicher Automobilhersteller.	uneingeschränkte Zustimmung (+2)
Die Automobile der Adam Opel AG sind wenig innovativ.	unentschiedene Haltung (0)
Die Automobile der Adam Opel AG weisen einen geringen Benzinverbrauch auf.	Ablehnung (-1)
Die Automobile der Adam Opel AG weisen Defizite bei der Verarbeitungsqualität auf.	Zustimmung (-1)
Die Automobile der Adam Opel AG sind überdurchschnittlich sicher.	Ablehnung (-1)
Die Automobile der Adam Opel AG liefern ein schlechtes Preis-Leistungs-Verhältnis.	Ablehnung (+1)
Summe der Einschätzungen	0

Die Antworten des hier dargestellten Probanden deuten auf eine **neutrale Haltung** gegenüber der *Adam Opel AG* hin. Weder weist der Proband eine ausgeprägt positive, noch eine ausgeprägt negative Einstellung in Bezug auf die *Adam Opel AG* auf.

Lösung zu Aufgabe 7 c):

Tab. 3.3: Unterschiede zwischen Likert-Skalierung und Fishbein-Einstellungsmessung

	Fishbein	**Likert**
Ziel	Messung der Einstellung gegenüber Objekten	Klassifizierung von Probanden bzgl. ihrer Einstellung zu Objekten (positive vs. negative Einstellung)
Erhobene Einstellungskomponenten	Kognitive und affektive Einstellungskomponente werden getrennt voneinander erhoben	Nur eindimensionale Messung, keine explizite Trennung der Einstellungskomponenten
Prämissen	Unabhängigkeit von Wahrnehmung/Wissen und Bewertung	Gleichrangigkeit der verwendeten Aussagen
Anforderungen an Probanden	Hoch (Explizite Trennung von Wahrnehmung/Wissen und Bewertung wird verlangt)	Gering (Lediglich Zustimmung/Ablehnung zu den formulierten Aussagen)
Kritik	Hoher Erhebungsaufwand Unabhängigkeit von Wahrnehmung/Wissen und Bewertung könnte problematisch sein Grundsätzlich zur differenzierten Erfassung von Einstellungen geeignet	Geringerer Erhebungsaufwand Keine explizite Berücksichtigung des Wissens über Objekteigenschaften Geeignet zur Erfassung allgemeiner Einstellungen

4 Datenerhebung

4.1 Erhebungsumfang

Aufgabe 8: (Auswahlplan, Auswahlverfahren, Stichprobenbildung)

Die *Hertan AG* beabsichtigt die Einrichtung eines Warenhauses in einer deutschen Landeshauptstadt. Im Rahmen des Entscheidungsprozesses interessiert man sich unter anderem für das durchschnittliche monatliche Haushaltseinkommen im Einzugsgebiet des potentiellen Standorts. Da verlässliche Sekundärdaten nicht vorliegen, entscheidet sich das Unternehmen zur Durchführung einer eigenen Erhebung. Dazu liegen dem Management zwei alternative Konzeptionen vor.

Konzeption I sieht eine mündliche Befragung auskunftswilliger Kunden in einer anderen Stadt von vergleichbarer Größe vor, in der die *Hertan AG* bereits ein Warenhaus betreibt.

Konzeption II geht von einer Differenzierung der Haushalte im Einzugsgebiet des potentiellen Standorts in Arbeiter-, Angestellten- und Beamtenhaushalte aus. Aus jedem der drei Haushaltstypen sollen zufällig ausgewählte Haushalte schriftlich befragt werden.

a) Um welche Auswahlverfahren handelt es sich bei den beiden Konzeptionen? Wie beurteilen Sie die Aussagefähigkeit der Ergebnisse bei diesen Konzeptionen? Begründen Sie Ihre Ansicht.

b) Nennen und diskutieren Sie drei Auswahlverfahren, die als Alternativen zu den beiden vorgelegten Konzeptionen grundsätzlich in Betracht kommen.

c) Nach einigen Diskussionen entscheidet sich das Management der *Hertan AG* nunmehr, die Konzeption II ernsthaft weiter zu verfolgen. Während bereits festliegt, dass insgesamt 300 Haushalte befragt werden sollen, ist die Aufteilung der Stichprobe auf die Haushaltstypen noch unklar. Machen Sie hierzu Vorschläge. Geben Sie dabei auch an, welche Informationen das Unternehmen zur Umsetzung Ihrer Vorschläge noch beschaffen müsste.

Lösung zu Aufgabe 8 a):

Tab. 4.1: Zwei Erhebungskonzeptionen im Vergleich

	Konzeption I	Konzeption II
Erhebungsprinzip	Teilerhebung	Teilerhebung
Auswahlbasis	Kunden in einer anderen Stadt	Haushalte im Einzugsgebiet des Standorts
Auswahlverfahren	Nichtzufällige Auswahl (Auswahl aufs Geratewohl)	geschichtete Zufallsauswahl
Methode der Datengewinnung	mündliche Befragung	schriftliche Befragung

Die Repräsentativität der Stichprobe ist bei Konzeption I kritisch zu sehen, da die Ergebnisse nicht unbedingt auf die interessierende Stadt übertragbar sind (vergleichbare Größe sagt nichts über die Einkommensverhältnisse aus). Auch ist das Einkommen durch eine mündliche Befragung nur schwer zu ermitteln, die schriftliche Befragung erscheint dem Thema angemessener. Die bei Konzeption II verwendeten Schichten erscheinen sinnvoll, ließen sich aber gegebenenfalls um weitere ergänzen (z. B. Freiberufler/Selbstständige).

Lösung zu Aufgabe 8 b):
Als Alternativen kommen grundsätzlich die Quotenauswahl, die einfache Zufallsauswahl und die Klumpenauswahl in Betracht. Im Fall der **Quotenauswahl** müssten die Quotenmerkmale erst noch definiert werden. Bei der **einfachen Zufallsauswahl** wird die Auswahl unter allen Haushalten im Einzugsgebiet des potentiellen Standorts vorgenommen. Dies setzt allerdings eine entsprechende Auswahlbasis voraus. Bei der **Klumpenauswahl** könnte die Klumpenbildung z. B. anhand von Stadtteilen vorgenommen werden. Eine Klumpenbildung anhand der Unterscheidung von Arbeiter-, Angestellten- und Beamtenhaushalten ist allerdings weniger sinnvoll, da in diesem Fall ausgeprägte Repräsentativitätsverluste zu erwarten sind.

Lösung zu Aufgabe 8 c):
Im einfachsten Fall der **gleichmäßigen Aufteilung** werden 100 Haushalte aus jeder Schicht befragt. Bei der **proportionalen Aufteilung** wird die Gesamtstichprobe proportional zum jeweiligen Anteil der Schicht an der Grundgesamtheit aufgeteilt. Die jeweiligen Anteile wären erst noch (z. B. anhand von Sekundärdaten) zu ermitteln. Im Fall der **optimalen Aufteilung** wird zusätzlich noch die Einkommensstreuung in den jeweiligen Schichten berücksichtigt. Auch diese müsste erst noch ermittelt werden, was gegebenenfalls eine Voruntersuchung erforderlich macht.

Aufgabe 9: (Stichprobenumfang)
Die *Hertan AG* beabsichtigt die Einrichtung eines Warenhauses in einer deutschen Landeshauptstadt. Im Rahmen des Entscheidungsprozesses interessiert man sich für das mittlere monatliche Haushaltseinkommen im Einzugsgebiet des potentiellen Standorts. Das Einzugsgebiet umfasst N = 50.000 Haushalte. Bei einer Voruntersuchung mittels einfacher Zufallsauswahl im Umfang von n = 100 ergab sich als Stichprobenmittel ein monatliches Einkommen von 2.800 € bei einer Standardabweichung von $\sigma = 800$.

a) Geben Sie eine erwartungstreue Schätzung für das mittlere monatliche Haushaltseinkommen an.

b) Berechnen Sie bei einer Irrtumswahrscheinlichkeit von 5 % das Konfidenzintervall für das mittlere monatliche Haushaltseinkommen (z = 1,96).

c) Das Management der *Hertan AG* möchte eine maximale Fehlerspanne von lediglich 100 € tolerieren. Berechnen Sie auf Basis der bisherigen Ergebnisse den dazu erforderlichen Stichprobenumfang.

Lösung zu Aufgabe 9 a):

Das **Stichprobenmittel** von 2.800 € ist als erwartungstreue Schätzung für das mittlere monatliche Haushaltseinkommen in der Grundgesamtheit anzusehen, da die befragten Haushalte per Zufallsauswahl bestimmt wurden.

Lösung zu Aufgabe 9 b):

Wie in jedem einführenden Lehrbuch zur Statistik nachzulesen, berechnet sich das **Konfidenzintervall** für einen Mittelwert µ bei bekannter Merkmalsstreuung σ in der Grundgesamtheit gemäß $\bar{x} \pm z \cdot \sigma_{\bar{x}}$, wobei $\sigma_{\bar{x}} = \sigma/\sqrt{n}$ und z das von der Irrtumswahrscheinlichkeit abhängige $(1 - \alpha/2)$-Fraktil der Standardnormalverteilung ist. Ist die Merkmalsstreuung σ in der Grundgesamtheit hingegen unbekannt, lässt sich die obige Formel unter der Voraussetzung n > 30 dennoch zur Berechnung des Konfidenzintervalls heranziehen, wobei die Merkmalsstreuung in der Grundgesamtheit dann durch die Standardabweichung in der Stichprobe zu schätzen ist. Bei einer Irrtumswahrscheinlichkeit von 5 % ist z = 1,96 und man erhält mit σ = 800 und n = 100 im vorliegenden Fall das Konfidenzintervall 2.800 +/− 1,96 · 80. Dies bedeutet, dass in der Grundgesamtheit das mittlere monatliche Haushaltseinkommen zwischen 2.643 € und 2.957 € liegt.

Lösung zu Aufgabe 9 c):

Ausgangspunkt ist Formel (4.1) zur Bestimmung des erforderlichen **Stichprobenumfangs** (vgl. Grunwald/Hempelmann 2012, S. 43). Mit z = 1,96, σ = 800 und e = 100 folgt $n = 1{,}96^2 \cdot 800^2/100^2 = 245{,}86 \approx 246$.

Es müssten somit (mindestens) 246 Haushalte befragt werden.

Aufgabe 10: (Stichprobenaufteilung, Standardfehler des Mittelwertschätzers)

Um das Durchschnittseinkommen in einer Stadt genauer ermitteln zu können, hat ein Marktforschungsinstitut die Bevölkerung in drei Altersgruppen mit 20.000, 70.000 bzw. 30.000 Personen eingeteilt.

Im Rahmen einer Voruntersuchung wurden insgesamt 60 zufällig ausgewählte Personen befragt. Die folgenden Ergebnisse konnten dabei erzielt werden:

Tab. 4.2: Ergebnisse der Voruntersuchung

Altersgruppe	Zahl der befragten Personen	Stichprobenergebnisse	
		Mittelwert	Standardabweichung
1	10	1.800	20
2	30	2.600	90
3	20	1.400	40

a) Schätzen Sie das durchschnittliche Einkommen in der Grundgesamtheit.
b) Für die Hauptuntersuchung ist vorgesehen, den Stichprobenumfang n = 1.000 proportional zum Anteil der Altersgruppen an der Grundgesamtheit aufzuteilen. Welche Stichpro-

benumfänge ergeben sich hierdurch in den einzelnen Altersgruppen? Runden Sie dabei die Stichprobenumfänge auf die jeweils nächst gelegene ganze Zahl.

c) Wodurch ist die optimale Aufteilung des Stichprobenumfangs auf die einzelnen Altersgruppen gekennzeichnet? Bestimmen Sie die optimale Aufteilung anhand der folgenden Formel:

$$n_j^* = \frac{n \, N_j \, s_j}{\sum_{j=1}^{3} N_j \, s_j}$$

Lösung zu Aufgabe 10 a):

Das durchschnittliche Einkommen in der Grundgesamtheit kann durch den **arithmetischen Mittelwert** der Stichprobe geschätzt werden. Dieser berechnet sich als gewogener Durchschnitt der Mittelwerte der drei Altersgruppen:

$$\bar{x} = \frac{10}{60} \cdot 1.800 + \frac{30}{60} \cdot 2.600 + \frac{20}{60} \cdot 1.400 = 2.066{,}67 \, .$$

Lösung zu Aufgabe 10 b):

Die Grundgesamtheit umfasst N = 120.000 Personen. Der prozentuale Anteil der drei Altergruppen an der Grundgesamtheit beträgt 20.000/120.000 = 16,67 % für Altergruppe 1, 70.000/120.000 = 58,33 % für Altergruppe 2 und 30.000/120.000 = 25 % für Altergruppe 3. Bei einem Umfang der Gesamtstichprobe von n = 1.000 und **proportionaler Aufteilung** bedeutet dies, dass n_1 = 167 (≈ 0,1667 · 1.000) Personen der Altergruppe 1, n_2 = 583 (≈ 0,5833 · 1.000) Personen der Altergruppe 2 sowie n_3 = 250 (= 0,25 · 1.000) Personen der Altergruppe 3 befragt werden müssten.

Lösung zu Aufgabe 10 c):

Bei der **optimalen Aufteilung** erfolgt die Aufteilung des (vorgegebenen) Stichprobenumfangs auf die einzelnen Schichten so, dass der sich ergebende Stichprobenfehler minimal wird. Die obige Formel zeigt, dass die Aufteilung proportional zum Produkt aus Schichtengröße (N_j) und Standardabweichung in der Schicht (s_j) vorzunehmen ist. Bezogen auf Altergruppe (= Schicht) 1 liefert die Formel

$$n_1^* = \frac{20.000 \cdot 20}{20.000 \cdot 20 + 70.000 \cdot 90 + 30.000 \cdot 40} \cdot 1.000 \approx 51 \, .$$

Analog ergibt sich $n_2^* \approx 797$ und $n_3^* \approx 152$. Aufgrund der überproportionalen Einkommensstreuung und dem großen Umfang von Altergruppe 2 sind fast 80 % der 1.000 Personen aus dieser Schicht zu befragen.

4.1 Erhebungsumfang

Aufgabe 11: (Stichprobengröße)

Ein Landmaschinenhersteller plant für das kommende Geschäftsjahr, den neu entwickelten Mähdrescher *InnoMaw* auf den Markt zu bringen. Um den zu erwartenden Markterfolg des *InnoMaw* abzuschätzen hat das Unternehmen per einfacher Zufallsauswahl bestimmten Landwirten der Zielgruppe jeweils einen Prototypen für einen sechsmonatigen Probebetrieb überlassen. Im Anschluss an diese Testphase wurden die beteiligten Landwirte zu ihrer Zufriedenheit mit dem Produkt befragt. Dabei sollen die Probanden den Mähdrescher in die beiden Kategorien sehr gut oder gut bzw. durchschnittlich oder unbefriedigend einordnen.

a) Wie viele Landwirte müssen befragt werden, wenn das Unternehmen bei einer Irrtumswahrscheinlichkeit von 5 % den Anteil der Landwirte in der Grundgesamtheit, die das Produkt mit sehr gut oder gut beurteilen, mit einer Fehlertoleranz von maximal 3 % bestimmen möchte?

b) Aus Kostengründen konnten nur n = 100 Landwirte in die Testphase einbezogen werden. Von diesen Landwirten beurteilten 60 % den *InnoMaw* mit sehr gut oder gut, die übrigen 40 % mit durchschnittlich oder unbefriedigend. Bestimmen Sie aus diesen Angaben die Fehlerspanne für den Anteil der Landwirte in der Grundgesamtheit, die das Produkt mit sehr gut oder gut beurteilen. Gehen Sie dabei wieder von einer Irrtumswahrscheinlichkeit von 5 % aus.

Lösung zu Aufgabe 11 a) :

Ausgangspunkt für die Bestimmung des erforderlichen **Stichprobenumfangs** ist Formel (4.3) (vgl. Grunwald/Hempelmann 2012, S. 43). Aufgrund der vorgegebenen Irrtumswahrscheinlichkeit von 5 % ist $z = 1{,}96$. Außerdem ist die Fehlerspanne mit $e = 0{,}03$ vorgegeben, so dass $0{,}03^2 = 1{,}96^2 \cdot 0{,}5^2/n$ gilt.

Aufgelöst nach n folgt $n = 1{,}96^2 \cdot 0{,}5^2/0{,}03^2 = 1.067$.

Es müssten also 1.067 Landwirte befragt werden.

Lösung zu Aufgabe 11 b) :

Ausgangspunkt für die Berechnung der gesuchten **Fehlerspanne** ist diesmal Formel (4.2) (vgl. Grunwald/Hempelmann 2012, S. 43) mit $n = 100$ und $z = 1{,}96$. Der unbekannte Anteil π der Landwirte in der Grundgesamtheit, die den *InnoMaw* mit sehr gut oder gut einschätzen, kann anhand der Stichprobe zu $\pi = 0{,}6$ geschätzt werden.

Durch Umstellen von Formel (4.2) nach e^2 erhält man $e^2 = 1{,}96^2 \cdot 0{,}6 \cdot 0{,}4/100 = 0{,}00922$ und damit $e \approx 0{,}096$. Dies bedeutet, dass in der Grundgesamtheit zwischen 50,4 % (= 60 % − 9,6 %) und 69,6 % (= 60 % + 9,6 %) den *InnoMaw* mit sehr gut oder gut beurteilen würden.

4.2 Erhebungsmethode

Aufgabe 12: (Erhebungsmethoden im Vergleich)
Es sollen Informationen darüber gewonnen werden, wie unterschiedliche Packungen für ein neues Duschgel von den Konsumenten beurteilt werden. Diskutieren Sie hierzu die Eignung alternativer Datenerhebungsmethoden!

Lösung zu Aufgabe 12:
Als Erhebungsmethoden kommen grundsätzlich die Befragung, die Beobachtung und das Experiment in Betracht, wobei das Experiment eine Sonderstellung einnimmt. Ein **Experiment** ist eine wiederholbare, unter kontrollierten Bedingungen durchgeführte Versuchsanordnung, mit der Wirkungshypothesen empirisch getestet werden können. Die für die experimentelle Wirkungsabschätzung erforderlichen Daten werden dabei entweder durch Befragung und/oder durch Beobachtung gewonnen (vgl. Grunwald/Hempelmann 2012, S. 51). Während mit **Befragungen** vor allem die psychischen Einflussfaktoren des Konsumentenverhaltens (wie Einstellungen, Kundenzufriedenheit) gemessen werden können, wählt man die Methode der **Beobachtung**, um tatsächliches Konsumentenverhalten (z. B. die Produktwahl aus einem Ladenregal) im spontanen Vollzug zu erfassen.

Im vorliegenden Fall soll der Erfolg neu designter Produktpackungen als unabhängige Variable auf eine noch näher zu bestimmende Wirkungsgröße (z. B. die Produktwahl) als abhängige Variable gemessen werden, wofür sich vor allem das **Experiment** eignet. Denn nur mittels experimenteller Versuchsanordnung (z. B. ein EBA-CBA-Design) können Störgrößen (wie etwa Konkurrenzwerbung) ausgeschaltet werden (vgl. Grunwald/Hempelmann 2012, S. 52).

Die für die experimentelle Wirkungsabschätzung erforderlichen Daten (wie etwa die Anzahl der Wahlentscheidungen für je eine bestimmte Packung als Verhaltensreaktion) können dabei am besten durch **Beobachtung** gewonnen werden. Durch Beobachtung lässt sich die Packungswahl zudem sehr einfach durch Registrieren des Ausgangs der Wahlentscheidung und der Häufigkeiten ausgewählter Packungen sowie durch Protokollieren der Betrachtungsdauer der jeweiligen Packungen erheben.

Ergänzend, z. B. im Anschluss an die beobachtete Wahlentscheidung, könnten aber auch **Befragungen** durchgeführt werden, um die Motive einer bestimmten Packungswahl tiefer zu ergründen. Hiermit könnte beispielsweise herausgefunden werden, ob eine bestimmte Farbgebung oder Folie der Packung sich günstig auf die Qualitätsanmutung auswirkt oder ob Konsumenten bestimmte Informationen auf der Packung vermissen. Von der isolierten Durchführung einer Befragung ist jedoch abzuraten, da hiermit weder Störeinflüsse isoliert noch die Spontaneität der Packungswahl realistisch eingefangen werden können.

Aufgabe 13: (Panel)
Mit dem *GfK ConsumerScan* werden kontinuierlich Erhebungen und Analysen von Einkaufsentscheidungen und -verhaltensweisen von Verbrauchern in Bezug auf schnelllebige Konsumgüter (FMCG = fast moving consumer goods) sowie für zahlreiche Gebrauchsgüter und Dienstleistungen in vielen europäischen Ländern durchgeführt. Die periodischen Berichte weisen unter anderem Kennziffern zur Entwicklung des Konsums von Marken und Pro-

dukten, zum Käuferkreis der eigenen Produkte und der von Wettbewerbern, zu Markentreue und Einkaufsstättenpräferenz, zur Wirkung von Preisänderungen sowie Verkaufsförderungs- oder Werbeaktivitäten aus.

a) Erläutern Sie an diesem Beispiel den Begriff und Analysegegenstände eines Panels!
b) Diskutieren Sie an diesem Beispiel die besonderen Probleme bei Aufbau und Pflege eines Panels!
c) Welche besonderen Vorteile haben Panel-Untersuchungen gegenüber Einmal-Befragungen?

Lösung zu Aufgabe 13 a):

Bei einem **Panel** handelt es sich um eine Datenbank, in der in bestimmter Weise ausgewählte und nach bestimmten Kriterien filterbare Mitglieder (sog. Panelteilnehmer, Panelisten) registriert sind, die an Panelerhebungen teilnehmen. Eine **Panelerhebung** ist eine Erhebung, die wiederholt, in regelmäßigen Abständen, mit den gleichen Teilnehmern, zum gleichen Untersuchungsgegenstand durchgeführt wird (vgl. Grunwald/Hempelmann 2012, S. 11). Die Daten können sowohl durch Befragungen als auch durch Beobachtungen (z. B. des Kaufverhaltens via Scannerdaten) gewonnen werden.

Wie das Beispiel zeigt, lassen sich mit Hilfe eines Panels Längsschnittuntersuchungen durchführen, mit denen zeitliche Entwicklungseffekte, z. B. Veränderungen des Kaufverhaltens von Verbrauchern, Änderungen hinsichtlich der präferierten Einkaufsstätte, aufgedeckt werden können.

Lösung zu Aufgabe 13 b):

Beim **Aufbau** des Panels sind zunächst einmal geeignete Mitglieder zu **rekrutieren** und zwar in der Regel repräsentativ, so dass von den Ergebnissen der Auswertungen auf die beabsichtigte Grundgesamtheit (z. B. bestimmte Branchen oder Verbrauchergruppen) zurückgeschlossen werden kann. Im Allgemeinen ist bei der Rekrutierung der Panelisten eine bestimmte Form der Anreizsetzung zur Steigerung der Teilnahmemotivation (sog. **Incentivierung**) erforderlich. Als Incentives kommen sowohl monetäre als auch nicht-monetäre Anreize in Betracht. Während monetäre Anreize normalerweise in einer von der Teilnahme an Erhebungen abhängigen Geldzahlung bestehen, können nicht-monetäre Incentives in der Nutzung exklusiv dem Mitgliederkreis zur Verfügung gestellter Informationen (z. B. kostenlosen periodischen Berichten) bestehen. Da die Form und Höhe der Incentives aus Sicht des Panelbetreibers nicht nur die Erhebungskosten, sondern auch die zu erwartende Datenqualität beeinflussen, liegt hierin ein zentrales Entscheidungsproblem beim Aufbau eines Panels. Denn ob die Panelteilnehmer ihre tatsächliche Meinung äußern hängt wesentlich davon ab, ob sie von sich selbst heraus, d. h. intrinsisch, motiviert sind. Insofern könnten überhöhte monetäre Anreize die Validität der Untersuchungsergebnisse negativ beeinflussen.

Beim Panelaufbau stellt sich ferner die Frage nach der Festlegung der **Erhebungsintervalle**, also danach, in welchen zeitlichen Abständen Erhebungen durchgeführt werden sollen. Zudem muss festgelegt werden, ob neben den periodischen Standardberichten auch Sonderanalysen im Rahmen einer ad hoc-Marktforschung vorgesehen werden sollen.

Da sich Adressen und auch Merkmale der Panelteilnehmer (Panelisten) im Zeitablauf ändern können, sind diese im Rahmen der **Panelpflege** regelmäßig vom Panelbetreiber zu überprüfen und zu aktualisieren. Hierzu gehört auch, ausfallende Panelisten durch neue Teilnehmer zu ersetzen, die ähnliche Merkmale wie die ausscheidenden aufweisen, um die Struktur des Panels zu erhalten. Der sich stets durch Ein- und Austritt verändernde Mitgliederkreis, dem durch Panelpflege entgegengewirkt werden soll, wird auch als **Panelsterblichkeit** bezeichnet. Werden Panelisten zu häufig für thematisch ähnliche Befragungen ausgewählt, mögen sich Übungs- bzw. Lerneffekte bei den Befragten einstellen, die sie quasi zu Experten für bestimmte Themen machen. Damit sind aber Abweichungen vom Antwortverhalten „normaler" Konsumenten zu erwarten, was die Datenqualität einschränken kann. Einem solchen **Paneleffekt** kann dadurch vorgebeugt werden, dass nicht immer dieselben Probanden zu ähnlichen Themen und auch nicht in zu kurzen Abständen befragt werden.

Lösung zu Aufgabe 13 c):

Neben der Möglichkeit, langfristig wirksame Veränderungen aufzudecken, weisen Panels forschungsökonomische Vorteile auf: Der Kreis der befragten oder beobachteten Mitglieder bleibt über einen längeren Zeitraum konstant, so dass nicht permanent neue Mitglieder rekrutiert werden müssen, was die Erhebungskosten (z. B. im Hinblick auf die Stichprobenbildung) reduziert.

Aufgabe 14: (Experiment Kundenkarte)

Ein Getränkevertreiber hat im vergangenen Geschäftsjahr eine Kundenkarte eingeführt, die bei Überschreiten einer bestimmten Umsatzgrenze die Möglichkeit zum kostenlosen Einkauf von Zusatzartikeln bietet. Man interessiert sich nun für die Frage, um wie viel der durchschnittliche Monatsumsatz je Kunden durch die Kundenkarte gestiegen ist. Zur Klärung dieser Frage liegen in den beiden Kundengruppen (mit und ohne Kundenkarte) die folgenden Daten vor, die vor und nach Einführung der Kundenkarte erhoben wurden:

Tab. 4.3: Durchschnittlicher Monatsumsatz in Experiment- und Kontrollgruppen

Kundengruppe	durchschnittlicher Monatsumsatz *vor* Einführung der Kundenkarte	durchschnittlicher Monatsumsatz *nach* Einführung der Kundenkarte
ohne Kundenkarte	56 GE	66 GE
mit Kundenkarte	85 GE	121 GE

a) Erläutern Sie an diesem Beispiel die Elemente eines Experiments!
b) Schätzen Sie anhand dieser Daten den durch die Einführung der Kundenkarte bedingten monatlichen Mehrumsatz je Kunden.
c) Diskutieren Sie den Aussagewert Ihres Ergebnisses kritisch, indem Sie auf mögliche Störeinflüsse Bezug nehmen.

Lösung zu Aufgabe 14 a):

Zu den Elementen eines Experiments gehört vor allem der **experimentelle Faktor**, d. h. diejenigen Marketingmaßnahmen, deren Wirkung experimentell geprüft werden soll. Die Kundenkarte stellt im vorliegenden Fall den experimentellen Faktor dar. Die **abhängigen Variablen** sind jene Größen, anhand derer der Einfluss des experimentellen Faktors gemessen wird. Im vorliegenden Fall wird die abhängige Variable durch den durchschnittlichen

Umsatz je Kunde gebildet. Als **kontrollierte Variablen** werden sämtliche Faktoren bezeichnet, die zwar Einfluss auf die abhängigen Variablen nehmen, die aber im Rahmen des Experiments konstant gehalten werden. Im hier betrachteten Fall kann z. B. der Preis der vertriebenen Getränke als kontrollierte Variable angesehen werden. Im Gegensatz zu kontrollierten Variablen stellen **Störvariablen** unweltbezogene Stimuli dar, die vom Experimentator nicht kontrolliert werden können. Hierfür kommen eine Vielzahl denkbarer Größen in Betracht (s. u.). Schließlich gehören zu den Elementen eines Experiments auch die **Testeinheiten**, also diejenigen Objekte, an denen das Experiment durchgeführt wird. Als Testeinheiten sind im betrachteten Fall die Kunden des Getränkevertreibers anzusehen, wobei die Kunden mit Kundenkarte die **Testgruppe** und die Kunden ohne Kundenkarte die **Kontrollgruppe** bilden.

Lösung zu Aufgabe 14 b):

In der **Kundengruppe ohne Kundenkarte** (Kontrollgruppe) ist der durchschnittliche Monatsumsatz um 66 – 56 = 10 GE gestiegen. Dieser Anstieg kann jedenfalls nicht auf die Kundenkarte zurückgeführt werden. Aus diesem Grund wird er aus dem Anstieg des durchschnittlichen Monatsumsatzes in der **Kundengruppe mit Kundenkarte** (Testgruppe) herausgerechnet. Als Schätzwert für die Wirkung der Kundenkarte ergibt sich also (121 – 85) – (66 – 56) = 26 GE. Durch den Einsatz der Kundenkarte konnte folglich der durchschnittliche Monatsumsatz um 26 GE pro Kunde der Testgruppe gesteigert werden.

Lösung zu Aufgabe 14 c):

Störeinflüsse können sich z. B. durch Marketingaktivitäten von Konkurrenten ergeben. Vielleicht ist der beobachtete Umsatzanstieg durch Preiserhöhungen, verminderte Werbeanstrengungen etc. eines Konkurrenten bedingt oder dem Umstand geschuldet, dass ein bisheriger Konkurrent den Markt verlassen hat. Nur wenn derartige Umstände sich gleichmäßig auf Test- und Kontrollgruppe auswirken, wird die Wirkung der Kundenkarte korrekt abgeschätzt. Eine solche gleichmäßige Auswirkung kann bei **zufälliger Zuordnung** der Testeinheiten zur Test- bzw. zur Kontrollgruppe angenommen werden, die im vorliegenden Fall jedoch kaum gegeben sein wird. Der sich zwischen Kontroll- und Testgruppe ergebende Unterschied mag zudem rein zufälliger Natur sein, wobei sich diese Hypothese prinzipiell durch einen **statistischen Test** erhärten oder widerlegen ließe.

Aufgabe 15: (Experiment Ladengestaltung)

Die Handelskette *Kaufmarkt* will die Wirksamkeit eines neuen Konzeptes der Ladengestaltung überprüfen. Hierzu wird die Durchführung eines Experiments nach dem Muster einer Vorher-Nachher-Messung mit Kontrollgruppe angesetzt (sog. EBA-CBA-Design). Das neue Konzept der Ladengestaltung wird zunächst testweise in 8 Filialen durchgeführt. Zudem stehen 8 Kontrollfilialen zur Verfügung. Als Indikator für die Ermittlung der Auswirkungen des neuen Konzeptes dienen die täglichen Umsatzzahlen, die über einen Zeitraum von 3 Monaten erhoben und anschließend gemittelt wurden. Es ergaben sich folgende Werte (in GE):

Tab. 4.4: Durchschnittsumsatz in Experiment- und Kontrollgruppen

	ALTES KONZEPT Durchschnittsumsatz im 4. Quartal '10	NEUES KONZEPT Durchschnittsumsatz im 1. Quartal '11
Testgeschäfte	222.894	251.514
Kontrollgeschäfte	170.202	174.600

a) Berechnen Sie anhand der durchschnittlichen Umsatzwerte den prozentualen Wirkungseffekt des neuen Konzepts!

b) Nennen Sie mögliche Störgrößen, welche die Ergebnisse des Experiments beeinflussen können!

Lösung zu Aufgabe 15 a):

In der **Gruppe der Testgeschäfte** konnte ein Umsatzanstieg von 28.620 GE (= 251.514 − 222.894) verzeichnet werden. Im gleichen Zeitraum ist in der **Gruppe der Kontrollgeschäfte** ein Umsatzanstieg von 4.398 GE (= 174.600 − 170.202) zu verzeichnen. Als bereinigter Umsatzanstieg in der Testgruppe ergibt sich 24.222 GE (= 28.620 − 4.398), der als absolute Wirkung des neuen Konzepts angesehen werden kann. Bezogen auf den durchschnittlichen Ausgangsumsatz in der Gruppe der Testgeschäfte bedeutet dies einen prozentualen Anstieg von 10,87 %.

Lösung zu Aufgabe 15 b):

Mögliche **Störgrößen** könnten sich z. B. auf Lage und Ausstattung von Test- und Kontrollgeschäften, auf das allgemeine Konsumklima, das Wetter etc. beziehen.

Aufgabe 16: (Experimentelles Design, Innergruppen- vs. Zwischengruppendesign)

Zur Verbesserung der Leistungsfähigkeit der Mitarbeiter eines Unternehmens kommen verschiedene Varianten von Weiterbildungsangeboten in Betracht. Die mit der Kursplanung beauftragte Personalabteilung möchte zunächst die Wirkung verschiedener Kurse auf ihre Mitarbeiter durch einen Test untersuchen, bevor die relativ kostspieligen Kurse passgenau ausgewählt, gebucht und längerfristig eingerichtet werden. Die für die Teilnahme an dem Kursprogramm in Betracht kommenden Mitarbeiter sind ausnahmslos Betriebswirte unterschiedlicher Fachrichtungen.

Im Speziellen soll der Einfluss unterschiedlicher Weiterqualifizierungsangebote auf die Kompetenzentwicklung (Leistung) durch ein Experiment gemessen werden. Die Kurse unterscheiden sich dabei im Wesentlichen in folgenden Aspekten:

- Werden die Kurse von Abteilungsleitern des eigenen Unternehmens oder von externen Beratern durchgeführt (**Organisation**)?
- Ist der Kursinhalt eher fachspezifisch auf ganz bestimmte Beschäftigungsfelder der Mitarbeiter bezogen oder werden fachübergreifende Aspekte thematisiert (**Inhalt**)?
- Dominiert als **Methode** eher ein Vortragsstil (frontal) mit Beispielen und Diskussionsanteilen oder dominiert ein handlungsorientierter Stil, geprägt durch weitgehend selbstbestimmtes Lernen und Projektarbeit?

4.2 Erhebungsmethode

a) Welche Fragen sind im Rahmen einer auf das beschriebene Forschungsproblem angewandten experimentellen Wirkungsmessung zu klären? Benennen Sie hierbei auch die zentralen Elemente eines Experimentes.

b) Vergleichen Sie zu der betrachteten Forschungsfrage ein Zwischengruppendesign, ein Innergruppendesign und ein gemischtes Design. Wählen Sie aus diesen drei Varianten begründend ein experimentelles Design zur Beantwortung der Forschungsfrage aus.

c) Schlagen Sie ein zu dem in Teilaufgabe b) gewählten experimentellen Design passendes Analyseverfahren vor.

Lösung zu Aufgabe 16 a):
Zunächst ist die durch das Experiment zu untersuchende Ursache-Wirkungs-Beziehung durch Variablen zu präzisieren. Durch ein Experiment soll im Beispiel die Wirkung unterschiedlicher Weiterqualifizierungsangebote als **unabhängige Variable** auf die Leistung bzw. Kompetenzentwicklung der Mitarbeiter als **abhängige Variable** geschätzt werden.

Weiterhin ist zu klären, in welcher Weise bzw. wie fein die unabhängige Variable (das so genannte **Treatment**) variiert werden soll. Der Aufgabenstellung kann entnommen werden, dass die Weiterqualifizierungsangebote in dreierlei Hinsicht variiert werden sollen. Die in ihrem Einfluss auf die Kompetenzentwicklung zu analysierenden Variationen der Weiterqualifizierungsangebote lassen sich als drei unabhängige Variablen (Faktoren) auffassen, die jeweils in zwei Ausprägungen (Stufen) variiert werden:

- **Organisation**: intern vs. extern
- **Inhalt**: fachspezifisch vs. fachübergreifend
- **Methode**: frontal vs. handlungsorientiert.

Die Variation dieser drei unabhängigen Variablen in jeweils zwei Ausprägungen führt zu einem so genannten **2×2×2-Faktoriellen Design**. Hiermit wird ausgedrückt, dass insgesamt acht Varianten von Weiterbildungsangeboten im Hinblick auf ihre Wirkung auf die Leistung als abhängige Variable verglichen werden sollen. Allgemein wird ein Faktorielles Design angegeben durch die vorliegenden Stufen (Ausprägungen) von Faktor 1 × Stufen von Faktor 2 × ... × Stufen von Faktor n.

Nun ist weiter zu klären, ob die unabhängigen Variablen zwischen verschiedenen Gruppen von Personen (**Zwischengruppendesign**) oder innerhalb einer Gruppe von Personen (**Innergruppendesign**) getestet werden sollen oder ob eine Kombination beider Ansätze (**Gemischtes Design**) gewählt werden soll. Auf die Ausgestaltung dieser unterschiedlichen experimentellen Designs wird in Teilaufgabe b) näher eingegangen.

Da die Kompetenzentwicklung (als Veränderung der Leistung der Mitarbeiter) als abhängige Variable zugrunde gelegt wird, erscheint es sinnvoll, die Leistung zu zwei Messzeitpunkten zu erheben, nämlich einmal vor Durchführung der Schulungsmaßnahme und einmal danach (**Vorher-Nachher-Messung**).

Mit Hilfe des Experiments sollen mögliche **Störgrößen** aus der Wirkungsmessung herausgefiltert bzw. neutralisiert werden. Diese Problematik wird in *Abbildung 4.1* veranschaulicht. Störgrößen wirken neben der in ihrem Einfluss zu messenden unabhängigen Variable auf die abhängige Variable ein und lassen sich mehr oder weniger gut vom Marktforscher kontrollieren. Der Marktforscher sollte eine präzise Vorstellung davon entwickeln, welche Art von Störgrößen in dem betrachteten Fall wirken und wie diese neutralisiert werden können.

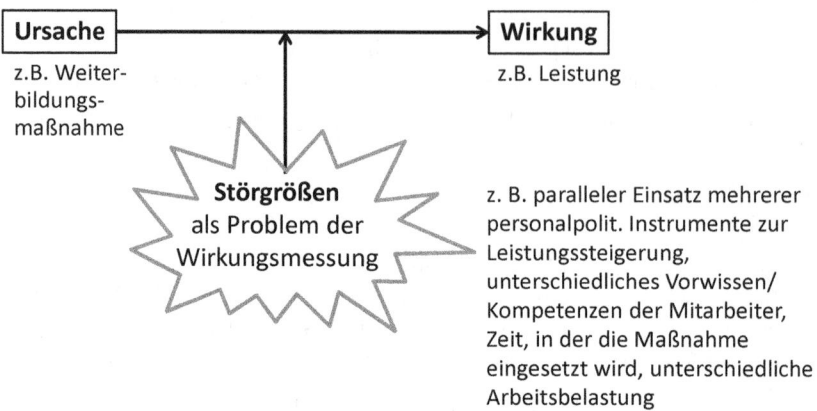

Abb. 4.1: Störgrößen bei experimentellen Wirkungsmessungen

Als Störgrößen kommen z. B. unterschiedliche demografische Merkmale der Mitarbeiter, ein unterschiedliches Vorwissen und unterschiedliche Kompetenzen der Mitarbeiter vor Einsatz der Maßnahme in Betracht, unterschiedliche Einstellungen der Mitarbeiter zu dem Instrument „Weiterqualifizierung" sowie eine unterschiedliche Arbeitsbelastung (Zeitdruck) der Mitarbeiter, die nun aus ihrem Tagesgeschäft, wenn auch nur temporär, zur Teilnahme an Kursen „herausgerissen" werden.

Solche Einflussfaktoren werden regelmäßig nicht wie zufällig über alle Mitarbeiter streuen, sondern es handelt sich um systematische Einflüsse, die vom Versuchsleiter als **Kontrollvariablen** aufzufassen und zu kontrollieren sind. Im Speziellen könnte der Marktforscher vor Beginn der Testschulung solche Größen von den Mitarbeitern über einen kurzen Fragebogen erheben, um anschließend Gruppen zu bilden, die strukturgleich im Hinblick auf die Ausprägungen dieser potentiellen Störgrößen sind (**Homogenisierung**). In Bezug auf den Ausbildungshintergrund der Mitarbeiter weist der Aufgabentext darauf hin, dass Homogenität der Bedingungen bereits gegeben zu sein scheint, denn alle für die Schulungsmaßnahme in Betracht kommenden Mitarbeiter sind Betriebswirte. Eine Alternative zur Homogenisierung besteht darin, die für die Schulung in Betracht kommenden Mitarbeiter zufällig den unterschiedlichen Treatments zuzuweisen (**Randomisierung**). Alternativ könnten Mitarbeiter über einen Fragebogen vorab gefiltert werden, um nur solche Mitarbeiter zum Experiment zuzulassen, die z. B. dem Instrument „Weiterqualifizierung" neutral gegenüber eingestellt, also unvoreingenommen sind (**Konstanthalten**).

Solche Störgrößen, die wie zufällig und gleichermaßen auf alle betrachteten Mitarbeiter einwirken, jedoch ebenfalls die experimentelle Wirkungsabschätzung insofern verfälschen könnten, als sie neben der Weiterqualifizierungsmaßnahme Einfluss auf die Leistung der Mitarbeiter nehmen, könnten durch Einführung einer **Kontrollgruppe** herausgefiltert werden. Gemeint sind hier Einflüsse wie das Geschäfts- oder Arbeitsklima in der Organisation insgesamt, die Auftragslage, der vorherrschende Führungsstil, die Marktsituation etc. Die Kontrollgruppe zeichnet sich dadurch aus, dass an ihr dieselben Messungen (hier: Leistungsmessungen) durchgeführt werden wie in der Experimentgruppe, jedoch keine Konfrontation mit dem experimentellen Stimulus erfolgt. Personen der Kontrollgruppe nehmen also nicht an einer Weiterqualifizierungsmaßnahme teil.

Lösung zu Aufgabe 16 b):

Das **Zwischengruppendesign** (between-subject-Design) sieht so aus, dass eine Gruppe von Personen nur jeweils ein Treatment, also eine Eigenschaftskombination (z. B. intern durchgeführte Schulungsmaßnahme mit fachspezifischem Inhalt und handlungsorientierter Methode) erhält, zu der eine Leistungsmessung durchgeführt wird. Da insgesamt acht Variationen (Kombinationen von Ausprägungen) der unabhängigen Variable vorliegen, können **acht Gruppen** von Mitarbeitern gebildet werden, die jedoch über ähnliche Voraussetzungen verfügen sollten, wie unter a) bereits ausgeführt wurde. *Abbildung 4.2* veranschaulicht das aus der Kombination der 2 × 2 × 2 = 8 Faktorstufen resultierende Zwischengruppendesign.

Systematische Variation der unabhängigen Variablen
(hier: *Weiterbildungsmaßnahme*)

Organisation		Inhalt		Methode	
intern	extern	fach-spezifisch	fach-übergreifend	frontal	handlungs-orientiert

2 × 2 × 2 – Between-Subject-Design

Organisation	Methode			
	frontal		handlungsorientiert	
intern	Inhalt: fach-spezifisch (Gruppe 1)	Inhalt: fachüber-greifend (Gruppe 2)	Inhalt: fach-spezifisch (Gruppe 3)	Inhalt: fachüber-greifend (Gruppe 4)
extern	Inhalt: fach-spezifisch (Gruppe 5)	Inhalt: fachüber-greifend (Gruppe 6)	Inhalt: fach-spezifisch (Gruppe 7)	Inhalt: fachüber-greifend (Gruppe 8)

Abb. 4.2: 2×2×2-Zwischengruppendesign für eine Wirkungsmessung von Weiterbildungsangeboten

Beim **Innergruppendesign** (within-subject-Design) werden dagegen die Ausprägungen der unabhängigen Variablen innerhalb der gleichen Probandengruppe getestet. Es kommt somit zu Wiederholungsmessungen bei den gleichen Mitarbeitern. D. h. ein Mitarbeiter wird mit mehreren Schulungsmaßnahmen nacheinander konfrontiert (z. B. in Form eines Falltextes), woran sich jeweils eine Leistungsmessung (z. B. in Form eines standardisierten Kurzfragebogens mit zu lösenden Aufgaben) anschließt. Damit sind die einzelnen Messungen nicht mehr unabhängig voneinander, man spricht von abhängigen Messungen, was entsprechend bei der Datenanalyse zu berücksichtigen ist.

Bei einem **gemischten Design** (mixed-Design) werden Zwischen- und Innergruppendesigns miteinander so kombiniert, dass dieselben Probanden mit mehreren, aber nicht mit allen experimentellen Stimuli (Treatments) konfrontiert werden. Konkret könnten im vorliegenden Fall also etwa die Faktoren „Organisation" und „Methode" zwischen verschiedenen Probandengruppen („between") getestet werden und die unabhängige Variable „Inhalt" innerhalb der Gruppen („within"). Bei diesem Design werden also $2 \times 2 = 4$ Gruppen gebildet, denen jeweils eine Kombination der zwei Variablen „Organisation" und „Methode" präsentiert wird, wobei in jeder dieser vier Gruppen Leistungsmessungen sowohl bezogen auf einen fachspezifischen wie auch einen fachübergreifenden Kursinhalt vorgenommen werden.

Für die **Wahlentscheidung** zwischen diesen verschiedenen experimentellen Designs ist bedeutsam, wie viele Mitarbeiter überhaupt für die Schulungsmaßnahme vorgesehen sind. Wie erkennbar, führt das Zwischengruppendesign zu einer größeren Anzahl an Gruppen, die jeweils mit mehreren und möglichst gleich vielen Mitarbeitern zu besetzen sind, was somit zu vergleichsweise großen Stichprobenumfängen führt. Handelt es sich um ein kleineres Unternehmen mit überschaubarer Mitarbeiterzahl, so wäre das Zwischengruppendesign aus diesem Grund ungeeignet. Die Fallzahl reduziert sich beim Übergang auf ein Innergruppendesign drastisch. Jedoch liegen hier die Nachteile darin, dass ein und dieselben Mitarbeiter hintereinander mehrere Schulungsformen auf sich wirken lassen müssen und ihre Leistung im Anschluss an die unterschiedlichen Schulungsformen wiederholt gemessen wird. Es kann hierdurch zu Übungs- bzw. Ermüdungseffekten kommen (vgl. Grunwald/Hempelmann 2012, S. 53). Deshalb ist es wichtig, dass die Reihenfolge der Darbietung der experimentellen Stimuli variiert wird und möglichst randomisiert (zufallsgesteuert) erfolgt. Durch ein solches Vorgehen können Reihenfolgeeffekte, die die Datenqualität negativ beeinflussen, aus den Daten herausgefiltert werden. Im vorliegenden Fall der Leistungsmessung mag insofern ein gemischtes Design einen geeigneten Kompromiss darstellen, da nicht allzu viele Mitarbeiter zur Durchführung des Experiments benötigt werden und zugleich nicht zu viele verschiedene Schulungsalternativen von den Mitarbeitern zu beurteilen sind.

Lösung zu Aufgabe 16 c):

Das für die Auswertung eines Experiments geeignete Analyseverfahren hat dem Umstand Rechnung zu tragen, ob an denselben Probanden mehrere Messungen hintereinander durchgeführt werden (man spricht von abhängigen Messungen) oder ob Messungen an unterschiedlichen Probanden (-gruppen) durchgeführt werden, unabhängig voneinander. Im letztgenannten Fall unabhängiger Messungen bzw. Stichproben kommen bei Vorliegen mehrerer Faktoren **mehrfaktorielle uni- oder multivariate Varianzanalysen** zur Anwendung. Dies gilt also für das oben betrachtete Zwischengruppendesign.

Bei Vorliegen abhängiger Messungen bzw. Stichproben werden **Varianzanalysen mit Messwiederholung** eingesetzt, was insofern für das Innergruppendesign, aber auch für das gemischte Design zutrifft.

4.3 Erhebungsdesign

Aufgabe 17: (Operationalisierung)

Zeigen Sie am Beispiel des Konstruktes „Einstellung" den Prozess der Operationalisierung auf!

Lösung zu Aufgabe 17:

Nachdem im *ersten Schritt* das Konstrukt „Einstellung" auf **allgemeinbegrifflicher Ebene** als vergleichsweise dauerhafte Bereitschaft eines Individuums, auf Stimuli konsistent positiv oder negativ zu reagieren näher bestimmt wurde, ist es im *zweiten Schritt* in möglichst überschneidungsfreie **Dimensionen** (abgeleitete Begriffe) zu zerlegen, die dem Konstrukt inhaltlich zugeordnet werden können.

Nach dem Fishbein-Einstellungsmodell (vgl. Aufgabe 6) eignen sich hierzu die kognitive, die affektive und die konative Einstellungsdimensionen. Wie oben bereits herausgestellt beinhaltet die kognitive Dimension das Wissen um die Eigenschaften des Einstellungsobjektes. Die affektive Komponente bezieht sich auf die (emotionale) Bewertung der Objekteigenschaften durch das Individuum im Sinne persönlicher Wichtigkeit. Die konative Komponente bezieht sich auf die Verhaltensdisposition gegenüber dem Objekt und damit auf die Frage, inwiefern sich eine vorhandene Einstellung im Verhalten reflektiert.

Im *dritten Schritt* sind nun die aus der Theorie abgeleiteten Dimensionen der Einstellung durch messbare **Indikatoren**, also etwa durch einfach und einheitlich verständlich formulierte Fragen in einem Fragebogen, zu konkretisieren. So könnte die kognitive Einstellungsdimension erfasst werden durch die Frage: „Mit welcher Wahrscheinlichkeit halten Sie Eigenschaft X bei Marke Y für vorhanden?" Die affektive Dimension lässt sich wie folgt abfragen: „Wie wichtig ist Ihnen Eigenschaft X bei Marke Y?" Die konative Komponente lässt sich erfassen durch die Frage: „Wenn Sie heute vor einer Kaufentscheidung stünden: Würden Sie Marke Y kaufen?"

Im *vierten Schritt* ist nunmehr eine **Messskala** zur numerischen Erfassung der Ausprägungen der Indikatoren zu bestimmen. Geeignete Messskalen können bei praktischen Anwendungen den einschlägigen Handbüchern der Marketing-Fachliteratur entnommen werden (vgl. Bruner II 2005; Bearden/Netemeyer/Haws 2010). In Bezug auf das Beispiel Einstellungsmessung sei hier auf die Ausführungen zu Aufgabe 6 verwiesen.

Aufgabe 18: (Fragebogengestaltung)

Worüber ist bei der Gestaltung eines Fragebogens im Einzelnen zu entscheiden?

Lösung zu Aufgabe 18:

Im Rahmen der Fragebogengestaltung sind die zu messenden Sachverhalte durch einfache und von allen Befragten einheitlich verständliche Fragen zu formulieren. Zur Fragebogengestaltung gehören darüber hinaus auch die Festlegung der Fragearten und -anzahl, die Reihenfolge und Anordnung der Fragen bzw. Fragenblöcke und das Layout des Fragebogens samt seiner Länge. Es empfiehlt sich ein Vorgehen in sechs Schritten (vgl. Grunwald/Hempelmann 2012, S. 62 ff.):

- Im *ersten Schritt* ist das **Befragungsziel** – gemäß dem Untersuchungsziel – zu präzisieren: Was soll konkret mit der Befragung erreicht werden?
- Im *zweiten Schritt* ist über die **Frageninhalte** zu entscheiden. Welche Themen soll der Fragebogen abdecken?
- Im *dritten Schritt* ist über die **Frageformulierung (Fragearten)** und **Frageanzahl** zu entscheiden: Wie sollen die Inhalte durch Fragen formuliert werden (Fragearten)? Wie viele Fragen sollen gestellt werden?
- Im *vierten Schritt* ist die **Fragenreihenfolge** festzulegen.
- Im *fünften Schritt* ist über die **äußere Gestaltung (Layout)** des Fragebogens zu entscheiden.
- Schließlich sollte im *sechsten Schritt* – vor der endgültigen Fertigstellung des Fragebogens und der Erhebung im Feld – ein **Test des Fragebogens (Pretest)** als Probebefragung an einer kleinen Stichprobe (Convenience Sample) aus der relevanten Zielgruppe durchgeführt werden.

Aufgabe 19: (Fragebogengestaltung zur Zufriedenheitsmessung)

Ein Hersteller von Küchengeräten möchte die Zufriedenheit seiner Kunden mit einem bereits länger am Markt befindlichen Standmixer *TopMix 3000*, entwickelt für das gehobene Käufersegment, messen. Zu diesem Zweck hat das Produktmanagement der Marktforschungsabteilung Produktmerkmale definiert, mit denen Kunden potentiell mehr oder weniger zufrieden sein können. Das Produktmanagement bezieht sich hierbei auf solche Merkmale, die bereits in verschiedenen vergleichenden Warentests von den Testinstituten zugrunde gelegt wurden und die somit auch von potentiellen Käufern als kauf- und zufriedenheitsrelevant erachtet werden dürften. Als Produktmerkmale leiten sich aus der durchgeführten Sekundärforschung ab:

- Handlichkeit/Ergonomie (Anwendung, Reinigung)
- Leistung (Watt-Zahl, Füllmenge, maximale Drehzahl)
- Preis-Leistungs-Verhältnis
- Sicherheitseigenschaften (Überhitzungsschutz, Schutzdeckel, Sicherheitsverriegelung)
- Produktdesign (Form, Materialoberfläche)
- Zusatzfunktionen (Ice Crusher, automatische Leistungsanpassung)
- Bedienungsanleitung.

Mittels der Befragungsergebnisse möchte das Produktmanagement Anhaltspunkte zur Produktverbesserung erhalten, die im Rahmen eines demnächst anstehenden Relaunches des Mixers umgesetzt werden könnten.

a) Entwerfen Sie anhand der gegebenen Informationen einen Fragebogen zur Messung der Kundenzufriedenheit mit dem Standmixer *TopMix 3000*. Beachten Sie dabei insbesondere die Operationalisierung der Variablen, die Reihenfolge der Fragen sowie Möglichkeiten zur Steigerung der Ausschöpfung und die für das Produktmanagement und die Produktverbesserung notwendigen umfassenden Auswertungsmöglichkeiten. Begründen Sie Ihre jeweiligen Entscheidungen zur Fragebogengestaltung.

b) Vergleichen Sie zwei Möglichkeiten, wie das Produktmanagement aus der Erhebung Aussagen hinsichtlich relativer Wichtigkeit der einzelnen Produktmerkmale für die

4.3 Erhebungsdesign   33

Kundenzufriedenheit mit dem Produkt insgesamt gewinnen kann. Wie wirken sich diese beiden Möglichkeiten auf die Fragebogengestaltung aus?

Lösung zu Aufgabe 19 a):

In *Abbildung 4.3* ist ein zur Erreichung des vorgegebenen Befragungsziels geeigneter Fragebogen abgebildet. Die im Hinblick auf die Fragebogengestaltung erheblichen Entscheidungen des Marktforschers werden im Folgenden skizziert (vgl. hierzu auch Aufgabe 3).

---

*Unser Ziel ist die stetige Verbesserung unserer Produkte. Dabei orientieren wir uns an der Zufriedenheit unserer Kunden. Sofern Sie unseren **Standmixer TopMix 3000** verwenden, teilen Sie uns bitte auf den folgenden Seiten Ihre Zufriedenheit mit diesem Produkt mit.*

Ihre ehrlichen Antworten sind sehr wichtig für das Gelingen dieser Umfrage! Wir möchten Sie bitten, den Fragebogen vollständig auszufüllen und ihn in dem frankierten Rückumschlag bis spätestens zum 31.08.12 an uns zurückzusenden.

Vielen Dank für Ihre Mitarbeit!

Ihr *TopMix-Team*

1. Wie zufrieden sind Sie mit folgenden Merkmalen des Produktes *TopMix 3000*?	Sehr zufrieden 1	2	3	4	5	Sehr unzufrieden 6	weiß nicht
a) Handhabung (Bedienung einschl. Reinigung)?	☐	☐	☐	☐	☐	☐	☐
b) Leistung (Zwecktauglichkeit)?	☐	☐	☐	☐	☐	☐	☐
c) Preis-Leistungs-Verhältnis?	☐	☐	☐	☐	☐	☐	☐
d) Sicherheitseigenschaften (z.B. Überhitzungsschutz, Schutzdeckel, Sicherheitsverriegelung)?	☐	☐	☐	☐	☐	☐	☐
e) Produktdesign (Form, Materialoberfläche)?	☐	☐	☐	☐	☐	☐	☐
f) Zusatzfunktionen (Ice Crusher, automatische Leistungsanpassung)?	☐	☐	☐	☐	☐	☐	☐
g) Bedienungsanleitung?	☐	☐	☐	☐	☐	☐	☐

Abb. 4.3: Fragebogen zur Messung der Kundenzufriedenheit mit einem Küchengerät (*erste Seite*)

2. Zu welchen weiteren Merkmalen des Produktes *TopMix 3000* möchten Sie uns gerne Ihre Meinung mitteilen? Produktmerkmal (bitte angeben): _____

	Sehr zufrieden					Sehr unzufrieden
	1	2	3	4	5	6
Wie zufrieden sind Sie mit diesem Produktmerkmal des *TopMix 3000*?	☐	☐	☐	☐	☐	☐

3. Wägen Sie nun alle oben betrachteten Produktmerkmale gemeinsam ab. Wie zufrieden sind Sie <u>insgesamt</u> mit dem Produkt *TopMix 3000*? ☐ ☐ ☐ ☐ ☐ ☐

4. Hatten Sie in den letzten zwei Jahren ein besonders positives oder ein besonders negatives Erlebnis mit Produkten unseres Hauses?   Ja ☐   Nein ☐

Falls Sie „Ja" angekreuzt haben: Erläutern Sie bitte kurz Ihr Erlebnis: _____

_____

5. Würden Sie das Produkt *TopMix 3000* erneut kaufen? Ja ☐   Nein ☐   weiß ☐ nicht

6. Ihr Geschlecht: männlich ☐   weiblich ☐

7. Seit wann benutzen Sie das Produkt *TopMix 3000*?   Monat ☐☐   Jahr ☐☐

8. Wo haben Sie das Produkt *TopMix 3000* gekauft? Ort: _____   Händler: _____

Wir bedanken uns für Ihre Mitarbeit!
   Ihr *TopMix-Team*

Abb. 4.3:   Fragebogen zur Messung der Kundenzufriedenheit mit einem Küchengerät (*zweite Seite*)

Im Anschluss an eine **Grußformel**, in der den zu befragenden Kunden für ihre Mitarbeit gedankt wird, ihnen das Ziel der Befragung knapp erläutert, sie auf die Wichtigkeit ehrlicher Antworten hingewiesen und auf die rechtzeitige Rückgabe des Fragebogens aufmerksam gemacht werden folgt zunächst die Abfrage der **Teilzufriedenheiten**. Die Teilzufriedenheiten beziehen sich auf die Beurteilung der einzelnen vom Produktmanagement vorgegebenen Produktmerkmale. Durch die Produktmerkmale sollten die Quellen der (Un-) Zufriedenheit möglichst **vollständig** erfasst werden, d. h. es sollten keine wichtigen Beurteilungsgegenstände unterdrückt werden. Sofern man sich in diesem Punkt unsicher ist, bietet es sich an, eine offene Frage nach möglichen weiteren wichtigen zu beurteilenden Produktmerkmalen zu stellen. In Frage 2 des Fragebogens erfolgt eine solche Abfrage. Neben der vollständigen Berücksichtigung der Zufriedenheitsquellen sollten die einzelnen zu beurteilenden Produktmerkmale **überschneidungsfrei** operationalisiert sein.

Um dem **Produktmanagement** noch detailliertere Hinweise für die Verbesserung der Produktqualität zu geben, könnte man die einzelnen Produktmerkmale weiter aufsplitten: Ist man also beispielsweise an konkreten Ansatzpunkten zur Verbesserung der Sicherheitseigenschaften des Mixers interessiert, so könnte die Zufriedenheit mit dem Überhitzungsschutz, dem Schutzdeckel, der Sicherheitsverriegelung usw. detailliert erhoben werden. Im vorliegenden Fall wird hiervon allerdings Abstand genommen, weil die Kunden, obwohl sie dem gehobenen Käufersegment angehören, sich nicht notwendigerweise dermaßen intensiv mit dem Produkt und dessen über den üblichen Gebrauch (weit) hinausgehenden Eigenschaften beschäftigt haben mögen. Die Abfrage solch detaillierter Einschätzungen wäre insofern künstlich und könnte ein überrationalisiertes Antwortverhalten begünstigen mit entsprechend negativen Konsequenzen für die Validität der Untersuchungsergebnisse. Der Nutzen für das Produktmanagement wäre damit fragwürdig. Außerdem würde der Fragebogen durch Abfrage zusätzlicher Teilleistungen deutlich länger werden, mit entsprechend negativen Auswirkungen auf den Rücklauf der Erhebung. Ein geringer Rücklauf wiederum wirkt sich negativ auf die Verallgemeinerbarkeit der Ergebnisse auf die Gesamtheit der Kunden aus. Die Rücklaufquote könnte neben der Beachtung eines kompakten Fragebogenformats unter anderem auch durch Nachfassaktionen gesteigert werden (vgl. Grunwald/Hempelmann 2012, S. 12 und 46).

Hinsichtlich der **Skalierung** der Variable Zufriedenheit ist zu beachten, dass durch sie möglichst viele und weitreichende Auswertungsmöglichkeiten eröffnet werden sollen. Schlecht wäre insofern die Wahl einer Nominalskala, bei der die Befragten lediglich zwischen „zufrieden", „nicht zufrieden" und „weiß nicht" zu entscheiden hätten, womit dem Marktforscher lediglich Häufigkeitsanalysen offen stehen würden.

Um auch Mittelwertberechnungen und -vergleiche sowie beispielsweise Regressionsanalysen durchführen zu können, sollte die gewählte **Skala metrisch interpretierbar** sein. Obwohl z. B. eine 5-Punkt- oder 6-Punkt-Notenskala streng genommen ordinalskaliert ist, kann davon ausgegangen werden, dass die semantischen Abstände entweder sämtlich gleich sind oder zumindest subjektiv so eingeschätzt und interpretiert werden können (vgl. Hammann/Erichson 1994, S. 274). Dies bedeutet, dass den einzelnen semantischen Ausprägungen des Beurteilungskriteriums feste Zahlenwerte mit gleich bleibendem Intervall zugeordnet werden, wodurch die Skala die Eigenschaften einer Intervallskala annimmt und entsprechende Behandlung erfährt (vgl. Grunwald/Hempelmann 2012, S. 57). Die Zufriedenheit sollte also mindestens auf einer 5-Punkt-Skala gemessen werden, um metrisches Skalenniveau annehmen zu können.

Hinsichtlich der Frage, ob eine **gerade oder ungerade Skalenpunktezahl** gewählt wird, sei hier auf die ausführliche Diskussion in unserem Lehrbuch verwiesen (vgl. Grunwald/ Hempelmann 2012, S. 12, 57). Im vorliegenden Fall hat sich der Marktforscher für eine gerade Skalenpunktezahl entschieden, weil er von den Kunden eine eindeutige Tendenz zur Zufriedenheit oder Unzufriedenheit erhalten möchte. Er umgeht hiermit das Problem, dass viele Probanden dazu neigen, den Skalenmittelpunkt („teils, teils") anzukreuzen. Um jedoch keine (und gegebenenfalls sogar unwahre) Antworten von den Befragten zu provozieren, wird als zusätzliche Antwortmöglichkeit in dem Fragebogen neben der gewählten 6-Punkt-Zufriedenheitsskala ein Kästchen „weiß nicht" platziert. Dieses wird jedoch bei der Abfrage der Gesamtzufriedenheit in Frage 3 bewusst weggelassen, da (zumindest) ein Gesamturteil aus Sicht des Anbieters unverzichtbar ist und ein solches auch bei Fehlen einiger Teilurteile gegeben werden kann.

Bei der Festlegung der **Fragenreihenfolge** ist zu beachten, dass die zuerst abgefragten Themen und gegebenen Antworten die nachfolgenden Antworten beeinflussen können (Reihenfolgeeffekt). Aus *zwei Gründen* empfiehlt es sich, zuerst die Teilzufriedenheiten mit einzelnen Produktmerkmalen abzufragen und im Anschluss die Gesamtzufriedenheit mit dem Produkt insgesamt:

1. Die Validität und Reliabilität des Fragebogens und der Befragungsergebnisse lässt sich dadurch günstig beeinflussen, dass erstens alle Befragten in die zu beurteilende Gesamtzufriedenheit einheitlich dieselben Produktmerkmale einfließen lassen. Dies lässt sich dadurch erreichen, dass zunächst die Zufriedenheit mit den einzelnen Produktmerkmalen abgefragt wird und anschließend alle Befragten einheitlich ihre Teilurteile in das Gesamtzufriedenheitsurteil einfließen lassen. Nur so können nachgelagert auch Wichtigkeiten einzelner Produktmerkmale (Zufriedenheitsbereiche) zum Zustandekommen der Gesamtzufriedenheit sinnvoll aufgedeckt werden. Wenn jeder Kunde andere Beurteilungsgegenstände in sein Gesamturteil einfließen ließe würde dem Marktforscher diese Auswertungsmöglichkeit genommen werden.

2. Würde man die Gesamtzufriedenheit zu Anfang und die Zufriedenheit mit einzelnen Produktmerkmalen im Anschluss abfragen, so besteht das Problem, dass die der Gesamtzufriedenheit nachfolgenden Zufriedenheitsabschätzungen unter dem Eindruck der geäußerten Gesamtzufriedenheit mehr oder weniger konsistent erfolgen (Ausstrahlungseffekt).Wird also etwa bei der Gesamtzufriedenheit im mittleren Bereich der Skala angekreuzt, so wird vermutlich auch der Rest des Fragebogens konsistent zu dieser Gesamteinschätzung beantwortet (vgl. Grunwald/Hempelmann 2012, S. 65). Damit wird aber unter Umständen nicht die tatsächliche Zufriedenheit der Probanden erfasst, was sich negativ auf die Validität der Untersuchungsergebnisse auswirkt.

Grundsätzlich sollten von vielen Befragten als heikel empfundene **persönliche Daten** (soziodemografische, psychografische, sozioökonomische Merkmale) erst am Schluss des Fragebogens abgefragt werden, um nicht von vornherein künstlich Hemmschwellen für ehrliches Antwortverhalten aufzubauen und einen frühzeitigen Abbruch der Befragung zu vermeiden. Bei dem vorliegenden Befragungsthema wäre in diesem Zusammenhang vor allem interessant zu wissen, wie lange die Kunden bereits den Mixer benutzen (Frage 7). So ist vorstellbar, dass sich Zufriedenheit erst nach längerer Zeit der Nutzung einstellt, da komplexere, nicht so häufig gebrauchte Bedienfunktionen erst mit zunehmender Einsatzzeit wahrgenommen und geschätzt werden. Zudem dürfte relevant sein, wo (bei welchem Händler) das Produkt gekauft wurde (vgl. Frage 8). Denn auch der Beratung durch den Händler vor Ort kommt ein wichtiger Einfluss auf die nach dem Kauf wahrgenommene Produktqualität und somit auf das Zufriedenheitsurteil zu. Da es sich im vorliegenden Fall um eine Fragebogenaktion des Herstellers ohne Abstimmung mit Händlern handelt, wurde jedoch auf eine Abfrage der Zufriedenheit mit der Beratungsqualität des Händlers verzichtet. Es hätte sonst bei Händlern leicht der negative Eindruck einer unabgestimmten Qualitätskontrolle entstehen können mit entsprechend negativen Folgen für die Zusammenarbeit von Hersteller und Händlern im Absatzkanal.

Es empfiehlt sich zudem, im Schlussteil des Fragebogens danach zu fragen, ob die Kunden in der jüngeren Vergangenheit (z. B. in den letzten zwei Jahren) ein besonders positives oder ein besonders negatives Erlebnis mit dem Anbieter und/oder seinen Produkten gehabt haben (sog. **Critical Incident Technique**). Dies erfolgt in Frage 4. Sofern diese Frage mit „Ja" beantwortet wird, kann es sein, dass auch die Beurteilung des zur Disposition stehenden Produktes unter dem Eindruck dieser besonders positiven oder besonders negativen Erfahrung erfolgt ist. Das besonders negative respektive besonders positive (untypische) Erlebnis des Kunden mag sein Zufriedenheitsurteil in Bezug auf den Standmixer *TopMix 3000* verzerren, womit sowohl die Validität als auch die Reliabilität der Befragungsergebnisse dieses Kunden bedroht sind.

4.3 Erhebungsdesign

Um auch die ökonomischen Auswirkungen (hoher vs. geringer) Kundenzufriedenheit abschätzen zu können, könnte der Anbieter ebenfalls am Schluss des Fragebogens nach dem Grad der **Kundenbindung** (z. B. in der Facette der Wiederkaufabsicht und/oder Zusatzkaufabsicht und/oder Weiterempfehlungsabsicht) fragen. Damit ließen sich Zusammenhänge zwischen den Variablen Kundenzufriedenheit und Kundenbindung aufdecken.

Lösung zu Aufgabe 19 b):
Die relative Wichtigkeit der einzelnen Teilurteile zu den Produktmerkmalen des *TopMix 3000* im Hinblick auf die Gesamtzufriedenheit mit dem Produkt kann zum einen durch eine **Regressionsanalyse** gemessen werden. Die Teilzufriedenheiten mit den Produktmerkmalen bilden die unabhängigen Variablen, die Gesamtzufriedenheit fließt als abhängige Variable in die Regressionsgleichung ein. Anhand der relativen Höhe der signifikanten (standardisierten) Regressionskoeffizienten kann auf die relative Wichtigkeit eines Produktmerkmals für die Gesamtzufriedenheit geschlossen werden. Eine solche Regressionsschätzung kann jedoch nur dann durchgeführt werden, wenn in dem Fragebogen neben den Teilzufriedenheiten auch die Gesamtzufriedenheit abgefragt wird und sowohl Teil- als auch Gesamtzufriedenheiten auf metrischem Skalenniveau gemessen werden.

Eine zweite Möglichkeit besteht darin, in den Fragebogen auch **Fragen zur Wichtigkeit** jedes einzelnen Produktmerkmals mit aufzunehmen. Da nun pro Merkmal nicht nur nach der Zufriedenheit, sondern auch direkt nach der Wichtigkeit des jeweiligen Merkmals für den Kunden gefragt wird, verdoppelt sich die Länge des Fragebogens nahezu. Darüber hinaus mag die direkte Abfrage nach Wichtigkeiten einzelner Produkteigenschaften auch dazu führen, dass Kunden *jedes* Produktmerkmal, auf das sie vom Marktforscher explizit und anders als in einer gewöhnlichen Kauf- oder Verwendungssituation aufmerksam gemacht werden, als mehr oder weniger hoch relevant erachten. In der Folge sinkt die externe Validität, also die Übertragbarkeit der Ergebnisse auf reale Kauf- bzw. Verwendungssituationen.

5 Datenanalyse

5.1 Univariate Analyseverfahren

Aufgabe 20: (Häufigkeitsverteilung, Lage- und Streuungsparameter)
Das Unternehmen *Toy's For Boy's* fertigt und vertreibt Spielsachen, die sich an die Zielgruppe Jungen im Alter zwischen 3 und 12 Jahren richtet.

Um die Kundenstruktur besser kennen zu lernen hat das Unternehmen eine Umfrage unter seinen Kunden durchgeführt, bei der u. a. das Alter des Kunden, der Haushaltstyp, in dem der Kunde lebt, sowie die Kundeneinschätzung der Produktqualität der vom Unternehmen angebotenen Spielsachen abgefragt wurden. Ergänzt wurden die erhobenen Daten um eine Variable, die den jeweiligen Kundentyp erfasst.

Zur Einschätzung der Produktqualität hat das Unternehmen die übliche Notenskala (von 1 = sehr gut bis 5 = mangelhaft) zugrunde gelegt. Durch Ankreuzen hatten die befragten Kunden jedoch auch die Möglichkeit, beliebige Zwischennoten zu vergeben. Die vergebenen Noten wurden elektronisch erfasst und anschließend automatisch in eine Nachkommastelle umgerechnet.

Für die folgenden Untersuchungen sei die Variable Produktqualität als metrisch skaliert unterstellt. Des Weiteren wurde zwischen zwei Haushaltstypen differenziert: Während in Haushalten vom Typ 1 1–2 Kinder aus der Zielgruppe leben, sind es in Haushalten vom Typ 2 3 oder mehr Kinder. Auch die Kunden wurden in zwei Gruppen kategorisiert. Während Kunden vom Typ 1 seit weniger als 5 Jahren Kunden des Unternehmens sind, sind es Kunden vom Typ 2 seit mindestens 5 Jahren.

Aus der Kundenkartei des Unternehmens wurde per einfacher Zufallsauswahl eine Stichprobe im Umfang von 40 Kunden gezogen. Die nachfolgende *Tabelle 5.1* gibt die erhaltenen Ergebnisse wieder:

Tab. 5.1: Stichprobenstruktur

Proband	Alter	Haushalts-typ	Produkt-qualität	Kunden-typ	Proband	Alter	Haushalts-typ	Produkt-qualität	Kunden-typ
1	42	1	3,1	1	21	38	1	2,4	2
2	49	2	1,5	2	22	29	2	3,8	2
3	44	1	4,6	1	23	42	1	2,0	1
4	38	1	4,0	2	24	45	2	1,5	2
5	32	1	2,7	2	25	38	1	2,9	1
6	49	2	5,0	1	26	29	2	1,0	2
7	56	2	2,0	2	27	39	1	1,7	2
8	54	2	1,7	2	28	48	2	1,1	2
9	28	2	3,2	2	29	28	2	4,5	1
10	32	1	1,0	2	30	35	2	1,9	1
11	27	1	2,2	2	31	45	1	3,0	2
12	35	2	4,8	1	32	50	2	4,6	2
13	43	2	3,3	1	33	47	1	3,2	1
14	51	2	5,0	1	34	37	2	2,0	2
15	40	1	2,5	2	35	32	1	2,6	2
16	48	2	1,8	1	36	51	2	2,5	1
17	26	2	2,8	2	37	29	1	2,0	1
18	33	1	1,3	2	38	37	2	2,3	2
19	47	2	3,5	2	39	46	1	3,1	2
20	55	2	2,0	1	40	27	2	3,3	1

a) Erstellen Sie für die Variablen Alter und Produktqualität je ein Histogramm. Legen Sie dabei die folgenden Altersklassen 25–30, 31–36, 37–42, 43–48, 49–54, 55–60 sowie die Notenstufen sehr gut (1,0–1,4), gut (1,5–2,4), befriedigend (2,5–3,4), ausreichend (3,5–4,4), mangelhaft (4,5–5,0) zugrunde.

b) Beschreiben Sie die erhaltenen Häufigkeitsverteilungen anhand der Kennziffern Modus, Median, arithmetisches Mittel, Spannweite und Standardabweichung.

Lösung zu Aufgabe 20 a):

Eine Auszählung ergibt die in *Tabelle 5.2* dargestellte **Verteilung der Probanden** auf Altersklassen bzw. Notenstufen:

Tab. 5.2: Verteilung der Probanden

Altersklasse	Anzahl	Notenstufe	Anzahl
25–30	8	sehr gut (1,0–1,4)	4
31–36	6	gut (1,5–2,4)	14
37–42	9	befriedigend (2,5–3,4)	13
43–48	8	ausreichend (3,5–4,4)	3
49–54	7	mangelhaft (4,5–5,0)	6
55–60	2		
Summe	40		40

Die beiden **Histogramme** sind nachfolgend dargestellt.

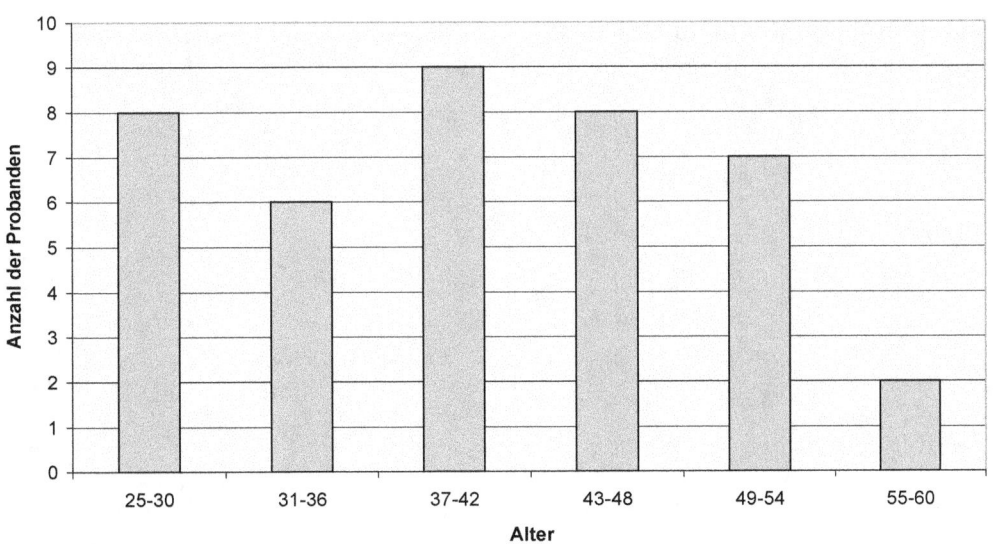

Abb. 5.1: Histogramm Alter

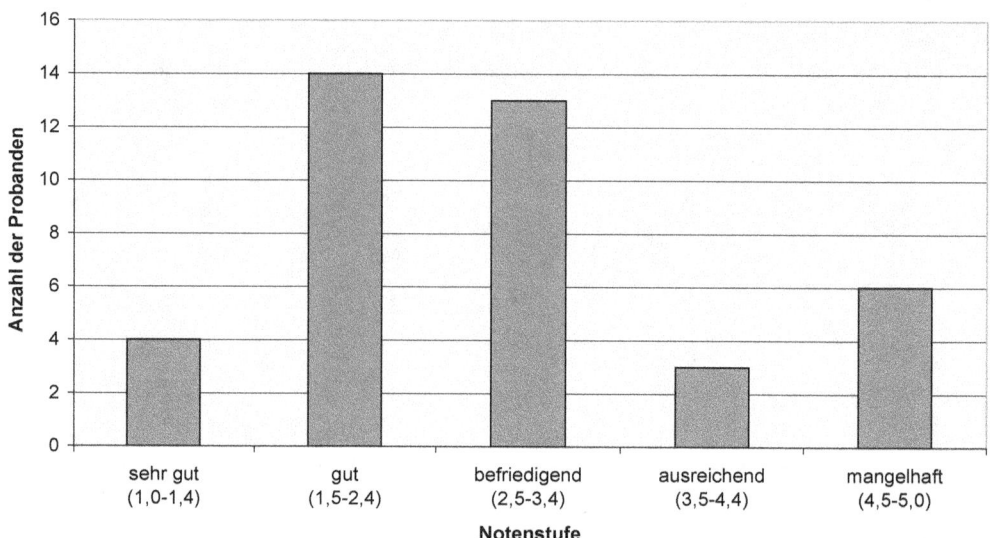

Abb. 5.2: Histogramm Notenstufe

Lösung zu Aufgabe 20 b):

Von den klassierten Daten ausgehend ist bei der Variablen Alter die Altersklasse 37–42 mit 9 Probanden am häufigsten vertreten. Setzt man als **Modus** die Klassenmitte an, erhält man 39,5 Jahre.

Um den **Median** ausgehend von der Urliste zu bestimmen, werden zunächst die Beobachtungswerte in eine Rangwertreihe mit zunehmendem Alter überführt (vgl. *Tabelle 5.3*):

5.1 Univariate Analyseverfahren

Tab. 5.3: Rangwertreihe

Proband	Alter	Proband	Alter
17	26	15	40
11	27	1	42
40	27	23	42
9	28	13	43
29	28	3	44
22	29	24	45
26	29	31	45
37	29	39	46
5	32	19	47
10	32	33	47
35	32	16	48
18	33	28	48
12	35	2	49
30	35	6	49
34	37	32	50
38	37	14	51
4	38	36	51
21	38	8	54
25	38	20	55
27	39	7	56

Da n = 40 eine gerade Zahl ist, ergibt sich der Median als Durchschnitt aus dem n/2. und dem (n/2 + 1). Wert der Rangwertreihe, hier also als Durchschnitt aus dem 20. und dem 21. Wert der Rangwertreihe, die von den Probanden 27 bzw. 31 gebildet werden. Als Median erhält man folglich (39 + 45)/2 = 42 Jahre.

Für die Variable Alter beträgt die Merkmalssumme 1601. Der **arithmetische Mittelwert** beträgt daher 1601/40 = 40,025 Jahre.

Die **Spannweite** (= Differenz zwischen dem größten und dem kleinsten Beobachtungswert) beträgt 56 – 26 = 30 Jahre. Zur Ermittlung der Standardabweichung ist zunächst die **Stichprobenvarianz** zu berechnen:

$$s^2 = ((42 - 40{,}025)^2 + \ldots + (27 - 40{,}025)^2)/39 = 77{,}775$$

Hieraus ergibt sich die **Standardabweichung** s = 8,819 Jahre.

Die Berechnung der Kennziffern zur Häufigkeitsverteilung der Variablen Produktqualität erfolgt in analoger Weise. Man erhält:

Tab. 5.4: Lage- und Streuungsparameter für die Variable Produktqualität

Modus	1,95
Median	2,55
Arithmetisches Mittel	2,735
Spannweite	4,0
Standardabweichung	1,136

5.2 Bivariate Analyseverfahren

Aufgabe 21: (Streudiagramm, Wilcoxon-Rangsummentest)

Ein Mitarbeiter der Geschäftsleitung des Unternehmens *Toy's For Boy's* (vgl. Aufgabe 20) wird gebeten, die erhobenen Daten auch auf zwischen den Variablen bestehende Zusammenhänge zu prüfen.

a) Erstellen Sie ein Streudiagramm für die Variablen Alter und Produktqualität. Welche Aussage lässt sich über den Zusammenhang zwischen den beiden Variablen treffen?

b) Das Unternehmen interessiert sich ferner dafür, ob Zusammenhänge zwischen dem Haushalts- bzw. dem Kundentyp und der Einschätzung der Produktqualität bestehen. Zur Klärung dieser Frage erstellt der mit der Datenauswertung betraute Mitarbeiter die folgende *Tabelle 5.5*:

Tab. 5.5: Kreuztabelle Haushalts-/Kundentyp und Einschätzung Produktqualität

Haushaltstyp	Anzahl in der Stichprobe	durchschnittliche Produktqualität
1	17	2,606
2	23	2,830
Kundentyp		
1	16	3,244
2	24	2,396
Gesamtstichprobe	40	2,735

Prüfen Sie anhand des Wilcoxon-Rangsummentests ob die zwischen den beiden Haushalts- bzw. Kundentypen bestehenden Unterschiede in der durchschnittlichen Einschätzung der Produktqualität statistisch signifikant sind. Gehen Sie jeweils von einer Irrtumswahrscheinlichkeit von 5 % aus.

5.2 Bivariate Analyseverfahren

Lösung zu Aufgabe 21 a):

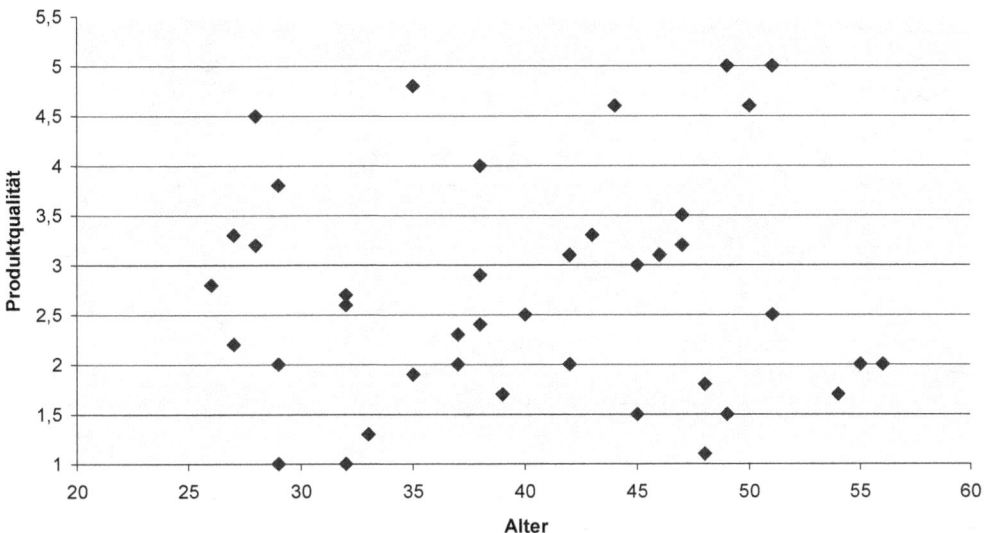

Abb. 5.3: Streudiagramm Alter und Produktqualität

Das in *Abbildung 5.3* dargestellte **Streudiagramm** verdeutlicht, dass die Einschätzung der Produktqualität nicht vom Alter des Kunden abhängt. Die beiden Variablen variieren nicht in systematischer Weise.

Lösung zu Aufgabe 21 b):

Die beiden Haushaltstypen werden in der folgenden *Tabelle 5.6* gegenübergestellt:

Tab. 5.6: Arbeitstabelle Wilcoxon-Rangsummentest

Gruppe	Umfang der Stichprobe	durchschnittliche Produktqualität
Gruppe 1 (= Haushaltstyp 1)	n = 17	2,606
Gruppe 2 (= Haushaltstyp 2)	m = 23	2,830

Zu testen ist die Hypothese, dass die Produktqualität in Gruppe 1 (= Haushaltstyp 1) besser eingeschätzt wird als in Gruppe 2 (= Haushaltstyp 2). Diese Hypothese wird als **Gegenhypothese** formuliert: H_1: $\mu_1 < \mu_2$. Die **Nullhypothese** besagt hingegen, dass es zwischen den beiden Gruppen keine Unterschiede bezüglich der Qualitätseinschätzung gibt: H_0: $\mu_1 = \mu_2$.

Um den **Wilcoxon-Rangsummentest** anwenden zu können, werden zunächst die Qualitätseinschätzungen aller 40 Probanden in eine aufsteigende Rangfolge gebracht und dann Rangwerte vergeben. Identische Notenvergaben verschiedener Probanden werden dabei durch Durchschnittsbildung der Rangwerte aufgelöst. Anschließend werden alle Rangwerte, die zu Beobachtungen aus Gruppe 2 gehören, gelöscht. Man erhält die folgende Tabelle:

Tab. 5.7: Rangwertreihe Haushaltstyp

Proband	Haushalts-typ	Produkt-qualität	Rang	Proband	Haushalts-typ	Produkt-qualität	Rang
10	1	1,0	1,5	35	1	2,6	21
26	2	1,0		5	1	2,7	22
28	2	1,1		17	2	2,8	
18	1	1,3	4	25	1	2,9	24
2	2	1,5		31	1	3,0	25
24	2	1,5		1	1	3,1	26,5
8	2	1,7		39	1	3,1	26,5
27	1	1,7	7,5	9	2	3,2	
16	2	1,8		33	1	3,2	28,5
30	2	1,9		13	2	3,3	
7	2	2,0		40	2	3,3	
20	2	2,0		19	2	3,5	
23	1	2,0	13	22	2	3,8	
34	2	2,0		4	1	4,0	34
37	1	2,0	13	29	2	4,5	
11	1	2,2	16	3	1	4,6	36,5
38	2	2,3		32	2	4,6	
21	1	2,4	18	12	2	4,8	
15	1	2,5	19,5	6	2	5,0	
36	2	2,5		14	2	5,0	

Als Wert der Rangsumme erhält man T = 336,5. Wegen n + m = 40 > 20, ist T approximativ normalverteilt mit E(T) = n · (n + m + 1)/ 2 = 17 · 41/2 = 348,5 und Var(T) = n · m · (n + m + 1)/12 = 17 · 23 · 41/12 = 1.335,917. Für die standardisiere Prüfgröße ergibt sich hieraus T´ = (T – E(T))/σ_T = –0,328. Bei einer Irrtumswahrscheinlichkeit von 5 % ist aus der Tabelle der Standardnormalverteilung das Quantil –$z_{0,95}$ = –1,645 als kritischer Wert für T´ bekannt. Da T´ größer ist als dieser Wert, kann die Nullhypothese nicht verworfen werden. Die erhobenen Daten geben also keinen Hinweis darauf, dass sich die Einschätzung der Produktqualität signifikant zwischen den beiden Haushaltstypen unterscheidet.

Die folgende Tabelle stellt die beiden Kundentypen gegenüber:

Tab. 5.8: Vergleich der Kundentypen

Gruppe	Umfang der Stichprobe	durchschnittliche Produktqualität
Gruppe 1 (= Kundentyp 2)	n = 24	2,396
Gruppe 2 (= Kundentyp 1)	m = 16	3,244

Um die Null- und Gegenhypothese analog zu oben formulieren zu können, wird nunmehr die Gruppe 1 (2) vom Kunden des Typs 2 (1) gebildet. Das anschließende Vorgehen erfolgt analog der Analyse der beiden Haushaltstypen.

5.2 Bivariate Analyseverfahren

Tab. 5.9: Rangwertreihe Kundentyp

Proband	Kunden-typ	Produkt-qualität	Rang	Proband	Kunden-typ	Produkt-qualität	Rang
10	2	1,0	1,5	35	2	2,6	21
26	2	1,0	1,5	5	2	2,7	22
28	2	1,1	3	17	2	2,8	23
18	2	1,3	4	25	1	2,9	
2	2	1,5	5,5	31	2	3,0	25
24	2	1,5	5,5	1	1	3,1	
8	2	1,7	7,5	39	2	3,1	26,5
27	2	1,7	7,5	9	2	3,2	28,5
16	1	1,8		33	1	3,2	
30	1	1,9		13	1	3,3	
7	2	2,0	13	40	1	3,3	
20	1	2,0		19	2	3,5	32
23	1	2,0		22	2	3,8	33
34	2	2,0		4	2	4,0	34
37	1	2,0		29	1	4,5	
11	2	2,2	16	3	1	4,6	
38	2	2,3		32	2	4,6	36,5
21	2	2,4	18	12	1	4,8	
15	2	2,5	19,5	6	1	5,0	
36	1	2,5		14	1	5,0	

Als Wert der Rangsumme erhält man diesmal T = 414. Die Rangsumme kann nach wie vor als approximativ normalverteilt unterstellt werden. Hierbei ist $E(T) = n \cdot (n + m + 1)/2 = 24 \cdot 41/2 = 429$ und $Var(T) = n \cdot m \cdot (n + m + 1)/12 = 24 \cdot 16 \cdot 41/12 = 1.312$. Für die standardisierte Prüfgröße ergibt sich hieraus $T' = (T - E(T))/\sigma_T = -2,153$. In diesem Fall ist T' kleiner als das Quantil $-z_{0,95} = -1,645$ der Standardnormalverteilung. Die Nullhypothese wird deshalb verworfen, d. h. zwischen den beiden Kundentypen bestehen signifikante Unterschiede in der Einschätzung der Produktqualität. Kunden, die seit 5 oder mehr Jahren Produkte von *Toy's For Boy's* kaufen schätzen dabei die Produktqualität als besser ein als solche Käufer, die erst seit kurzem Kunden des Unternehmens sind.

Aufgabe 22: (Streudiagramm, Lineare Einfachregression)

Die *Billig-Kauf GmbH* betreibt an verschiedenen Standorten im Landkreis Osnabrück Verbrauchermärkte mit einem sich auf den Lebensmittelbereich konzentrierenden Sortiment. Angesichts des weitgehend einheitlichen Sortiments geht die Unternehmensleitung davon aus, dass die Unterschiede zwischen den in den Standorten erzielten Jahresumsätzen auf die unterschiedliche Größe der Verkaufsfläche zurückzuführen sind. Folgende Daten liegen vor:

Tab. 5.10: Standortmerkmale

Standort	Verkaufsfläche (m²)	Jahresumsatz (Mio. €)
Bad Essen	950	1,02
Bad Laer	750	0,75
Bersenbrück	1.000	1,15
Bohmte	1.200	1,33
Bramsche	1.600	2,04
Dissen	1.100	1,25
Fürstenau	900	0,98
Glandorf	800	0,805
Melle	1.300	1,52
Osnabrück	3.000	3,62

Der mit der Analyse der Daten beauftragte Marktforscher vermutet einen linearen Zusammenhang zwischen Jahresumsatz und Verkaufsfläche.

a) Machen Sie die Überlegung des Marktforschers anhand eines Streudiagramms plausibel.

b) Schätzen Sie (möglichst durch Anwendung eines Programms zur Tabellenkalkulation wie z. B. Excel) die Parameter einer Regressionsgeraden und stellen Sie deren Verlauf im Streudiagramm dar. Interpretieren Sie den Wert für den Steigungsparameter.

c) Für den Standort in Fürstenau plant das Unternehmen einen Ausbau der Verkaufsfläche auf 1.400 m². Mit welchem prozentualen Anstieg des Jahresumsatzes ist durch diese Maßnahme zu rechnen?

d) Im Zuge der weiteren Markterschließung plant die *Billig-Kauf GmbH* die Einrichtung eines weiteren Verbrauchermarktes an einem neuen Standort. Für den neuen Standort strebt das Unternehmen einen Jahresumsatz von 1,75 Mio. € an. Welche Verkaufsfläche müsste hierfür eingeplant werden?

5.2 Bivariate Analyseverfahren

Lösung zu Aufgabe 22 a):

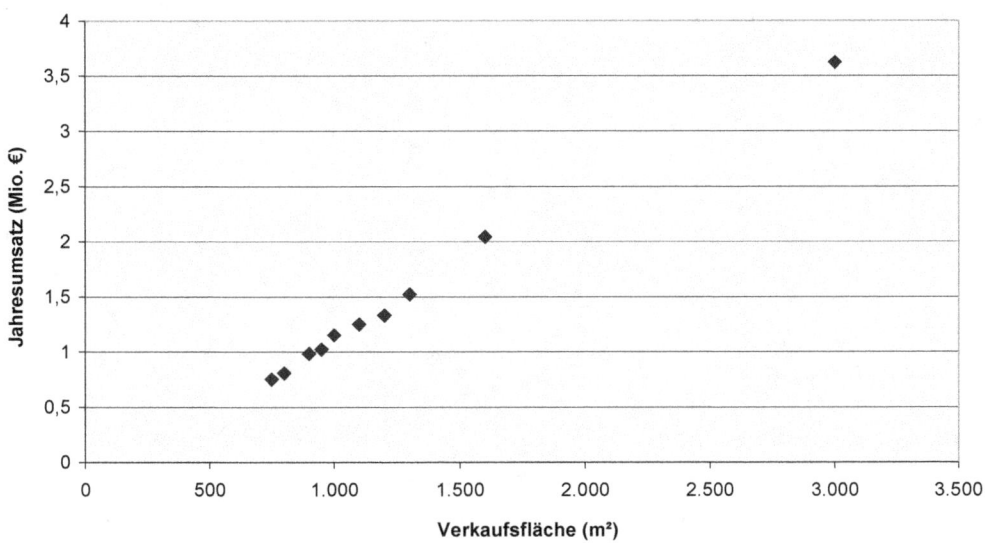

Abb. 5.4: Streudiagramm Verkaufsfläche und Jahresumsatz

Das Streudiagramm verdeutlicht, dass abgesehen vom Standort Osnabrück, der sowohl von der Verkaufsfläche als auch vom erzielten Jahresumsatz her gesehen eine Sonderrolle einnimmt, die Kombinationen aus Verkaufsfläche und Jahresumsatz der übrigen Standorte mehr oder weniger auf einer Geraden liegen. Die Vermutung des Marktforschers, dass zwischen den beiden Größen ein linearer Zusammenhang besteht, wird daher von den Daten gestützt.

Lösung zu Aufgabe 22 b):

Die Schätzung führt auf die folgende **Regressionsgerade**

$$\text{Jahresumsatz} = -0{,}1697 + 0{,}0013 \cdot \text{Verkaufsfläche},$$

deren Verlauf unten dargestellt ist.

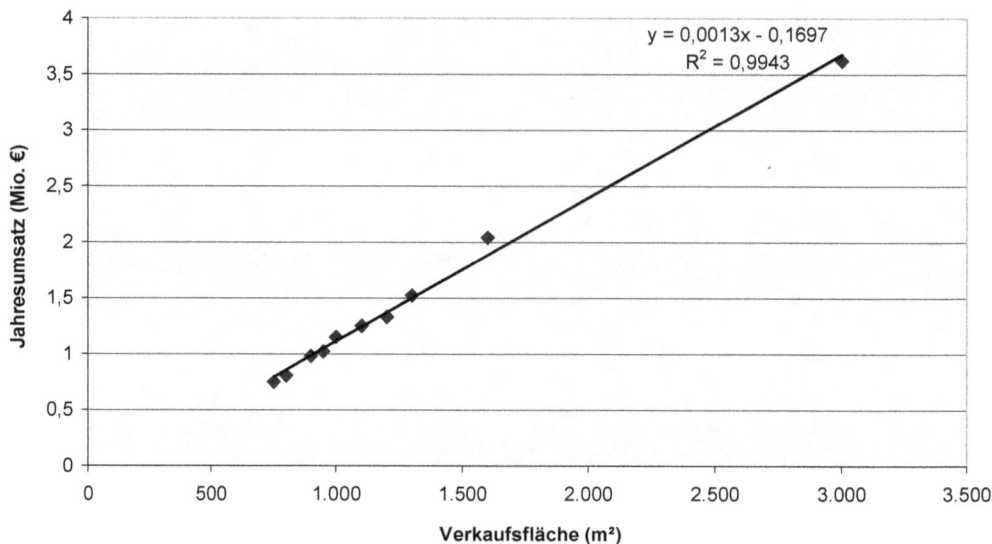

Abb. 5.5: Streudiagramm Verkaufsfläche und Jahresumsatz mit Regressionsgerade

Der Wert für den Steigungsparameter (0,0013) besagt, dass bei einer Erhöhung der Verkaufsfläche um 1 m² mit einer Steigerung des Jahresumsatzes um ca. 1.300 € zu rechnen ist.

Lösung zu Aufgabe 22 c):

Bei einer Verkaufsfläche von 1.400 m² beträgt der geschätzte Jahresumsatz

$$-0{,}1697 + 0{,}0013 \cdot 1.400 \approx 1{,}65 \text{ Mio. €}.$$

Gegenüber dem gegenwärtigen Jahresumsatz (0,98 Mio. €) bedeutet dies eine Umsatzsteigerung von ca. 68,4 %.

Lösung zu Aufgabe 22 d):

Die gesuchte Verkaufsfläche ergibt sich durch Auflösen der Gleichung

$$1{,}75 = -0{,}1697 + 0{,}0013 \cdot \text{Verkaufsfläche}.$$

Es resultiert eine Verkaufsfläche von ca. 1.480 m².

5.3 Multivariate Analyseverfahren

5.3.1 Verfahren der Dependenzanalyse

Aufgabe 23: (Multiple Regressionsanalyse)
Die *Mila AG* gehört zu den führenden deutschen Herstellern von Molkereiprodukten. Eines der Hauptprodukte dieses Unternehmens ist fettarme Frischmilch, die in 10er-Kartons an den Handel abgesetzt wird. Für dieses Produkt hat Frau Klein, Marktforscherin der *Mila AG*, im Rahmen einer mehrere Geschäftsjahre umfassenden Auswertung den folgenden linearen Zusammenhang zwischen Absatzmenge x (gemessen in Anzahl der abgesetzten Kartons) einerseits und Preis p pro Karton (in €) sowie den Ausgaben für Verkaufsförderung a (in 1.000 €) andererseits feststellen können:

$$x = 2.317.490 - 41.286 \cdot p + 595 \cdot a$$

a) Interpretieren Sie die Gleichung.
b) Im Rahmen der mit SPSS durchgeführten Analyse erhielt Frau Klein auch den folgenden Wert für das Bestimmtheitsmaß $R^2 = 0{,}689$. Was besagt diese Kennzahl?
c) Im abgelaufenen Geschäftsjahr wurde die Frischmilch dem Handel zum Preis von 5 € je Karton angeboten. Die Ausgaben für Verkaufsförderung beliefen sich auf 120.000 €. Für das kommende Geschäftsjahr plant die Unternehmensleitung, den Preis um 5 % und im Gegenzug die Ausgaben für Verkaufsförderung um 10 % zu erhöhen. Welche Auswirkung auf den Absatz ist bei dieser Maßnahme zu erwarten?

Lösung zu Aufgabe 23 a):
Die **Regressionsgleichung** verdeutlicht, dass der Preis je Karton die Absatzmenge negativ beeinflusst, hingegen die Ausgaben für Verkaufsförderung einen positiven Effekt auf die Absatzmenge haben. Anhand der Regressionskoeffizienten lassen sich diese Effekte quantifizieren: Eine Erhöhung des Preises je Karton um 1 € lässt den Absatz um 41.286 Kartons sinken. Werden die Ausgaben für Verkaufsförderung um 1.000 € gesteigert, steigt der Absatz um 595 Kartons.

Lösung zu Aufgabe 23 b):
Das **Bestimmtheitsmaß** quantifiziert den Grad der Übereinstimmung von Bebachtungswerten für die abhängige Variable mit den aus der aufgestellten Regressionsgleichung gewonnenen Schätzwerten. Der angegebene Wert bedeutet, dass 68,9 % der Varianz der Absatzzahlen durch das Regressionsmodell erfasst wird.

Lösung zu Aufgabe 23 c):
Für das abgelaufene Geschäftsjahr erhält man als **Schätzwert für den Absatz**

$$x_{alt} = 2.317.490 - 41.286 \cdot 5 + 595 \cdot 120 = 2.182.460.$$

Im neuen Geschäftsjahr ist mit einem Absatz von

$$x_{neu} = 2.317.490 - 41.286 \cdot 5{,}25 + 595 \cdot 132 = 2.179.278{,}5$$

zu rechnen.

Die geplante Maßnahme wird den Absatz also geringfügig (um ca. 3.180 Kartons) sinken lassen.

Aufgabe 24: (Multiple Regressionsanalyse)

Ein Unternehmen hat in einem Datensatz für 50 Kunden den Umsatz in einem festgelegten Zeitraum, die Ausgaben für Werbesendungen an den Kunden, die Höhe des auf Bestellungen eingeräumten Preisnachlasses und einen Größenindex des Kunden erfasst.

Mittels einer Regressionsanalyse hat das Unternehmen die Beziehungen zwischen dem Umsatz und den übrigen Variablen untersucht und dabei das folgende Ergebnis erhalten:

Tab. 5.11: Ergebnisse der Regressionsschätzung

Modell	Nicht standardisierte Koeffizienten		Standardisierte Koeffizienten
	B	Standardfehler	Beta
(Konstante)	−4,884	5,524	
Preisnachlass (in Prozent)	2,946	0,142	0,627
Ausgaben für Werbung	2,641	0,314	0,432
Größenindex des Kunden	0,658	0,173	0,198

a) Formulieren und interpretieren Sie das geschätzte Regressionsmodell.

b) Welche Aussagen können anhand der standardisierten Regressionskoeffizienten getroffen werden?

Lösung zu Aufgabe 24 a):

In der angegebenen Tabelle sind zunächst die geschätzten Regressionskoeffizienten dargestellt. Als **Regressionsgleichung** formuliert lautet das Modell:

Umsatz = −4,884 + 2,946 · Preisnachlass + 2,641 · Ausgaben für Werbung + 0,658 · Größenindex des Kunden

Das Modell lässt sich dahingehend interpretieren, dass eine Erhöhung des Preisnachlasses den Umsatz um ca. 2,95 GE erhöht, während eine Erhöhung der Werbeausgaben um 1 GE den Umsatz um 2,64 GE steigert. Anhand des positiven Vorzeichens für den dritten Regressionskoeffizienten lässt sich nachweisen, dass größere Kunden mehr Umsatz generieren als kleinere, wobei ein Anstieg des Größenindex um eine Einheit den Umsatz um ca. 0,66 GE steigen lässt.

5.3 Multivariate Analyseverfahren

Lösung zu Aufgabe 24 b):

Im Unterschied zu den nicht standardisierten erlauben es die standardisierten Regressionskoeffizienten Aussagen über die **relative Bedeutung der unabhängigen Variablen** zu machen. Es wird deutlich, dass der Umsatz am stärksten vom gewährten Preisnachlass und am wenigsten von der Kundengröße beeinflusst wird. Relativ gesehen kommt dem Preisnachlass ungefähr die dreifache Bedeutung der Kundengröße für den Umsatz zu (0,627/0,198 ≈ 3).

Aufgabe 25: (Varianzanalyse)

Der Süßwarenhersteller *Rahlsen AG* möchte den Absatz seines Schokoladenriegels *Baff* durch gezielte Werbemaßnahmen fördern. Dazu werden zwei Werbestrategien

A_1: Verteilung von Handzetteln

A_2: Anzeigenschaltung in regionalen Tageszeitungen

sowie zusätzlich als Kontrollstrategie (A_0) der Istzustand ohne besondere Werbemaßnahmen experimentell getestet. Jede Werbestrategie kommt in je drei zufällig ausgewählten Verbrauchermärkten mit ländlichem und städtischem Einzugsgebiet zur Anwendung. Folgende Verkaufsergebnisse (Absatz in kg) konnten für *Baff* festgestellt werden.

Tab. 5.12: Verkaufsergebnisse

Faktor 2: Werbestrategie	Faktor 1: Verkaufsregion					
	Ländliches Einzugsgebiet			Städtisches Einzugsgebiet		
Ohne Werbemaßnahmen (A_0)	20	24	22	18	26	23
Verteilung von Handzetteln (A_1)	27	32	30	20	25	32
Anzeigenschaltung (A_2)	26	28	32	34	38	30

Der Leiter der Marketing-Abteilung interpretiert die Testergebnisse so, dass die Wahl der Werbestrategie einen signifikanten Einfluss auf den Absatz von *Baff* hat. Zudem sei die Auswahl der Werbestrategie auf die jeweilige Verkaufsregion abzustimmen.

Prüfen Sie mittels Varianzanalyse, ob diese Schlussfolgerungen als statistisch gesichert gelten können. Legen Sie dabei eine Irrtumswahrscheinlichkeit von 5 % zugrunde.

Lösung zu Aufgabe 25:

Um zu prüfen, ob die beiden Faktoren isoliert oder in Kombination einen signifikanten Einfluss auf den Absatz haben, sind zunächst die **gruppenspezifischen Mittelwerte** zu bilden (vgl. *Tabelle 5.13*).

5.13: Gruppenmittelwerte

Faktor 2: Werbestrategie	Faktor 1: Verkaufsregion		Zeilenmittel
	Ländliches Einzugsgebiet	Städtisches Einzugsgebiet	
Ohne Werbemaßnahmen (A_0)	22	22,33	22,167
Verteilung von Handzetteln (A_1)	29,67	25,67	27,67
Anzeigenschaltung (A_2)	28,67	34	31,33
Spaltenmittel	26,78	27,33	27,055

Aus den angegebenen Mittelwerten ergeben sich die folgenden Schätzwerte für die Effekte durch die jeweiligen Ausprägungen der beiden Faktoren:

- Effekt durch Istzustand ohne Werbemaßnahmen = 22,167 − 27,055 = −4,888
- Effekt durch Verteilung von Handzetteln = 27,67 − 27,055 = 0,615
- Effekt durch Anzeigenschaltung = 31,33 − 27,055 = 4,275
- Effekt durch ländliches Einzugsgebiet = 26,78 − 27,055 = −0,275
- Effekt durch städtisches Einzugsgebiet = 27,33 − 27,055 = 0,275

Als nächstes sei geprüft, ob es zwischen den beiden Faktoren signifikante Wechselwirkungen gibt. Die zu prüfende **Nullhypothese** besagt, dass dieses nicht der Fall ist, beide Faktoren also (allenfalls) unabhängig voneinander wirken. Um diese Hypothese zu untersuchen, ist es oft hilfreich, das unten dargestellte **Interaktionsdiagramm** zu betrachten.

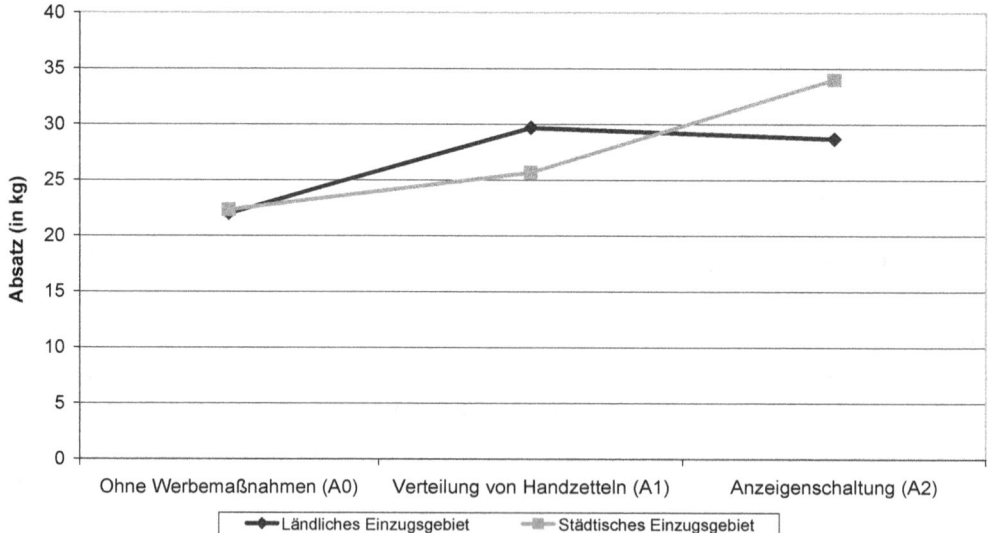

Abb. 5.6: Interaktionsdiagramm

Würden die dargestellten Wirkungslinien parallel zueinander verlaufen, könnte die Existenz einer Wechselwirkung ausgeschlossen werden. Dies ist hier jedoch erkennbar nicht der Fall, vielmehr konnte in dem ländlichen Einzugsgebiet mit der Verteilung von Handzetteln ein größerer Durchschnittsabsatz als mit Schaltung von Anzeigen erzielt werden, während die Verhältnisse in dem städtischen Einzugsgebiet genau umgekehrt liegen. Von daher ist die

5.3 Multivariate Analyseverfahren

Vermutung des Leiters der Marketing-Abteilung, dass die Auswahl der Werbestrategie auf die jeweilige Verkaufsregion abzustimmen sei, verständlich.

Ob jedoch tatsächlich eine signifikante Wechselwirkung zwischen den beiden Faktoren vorliegt, darüber kann nur ein **statistischer Test** Auskunft erteilen. Zu diesem Zweck sind die tatsächlich erreichten gruppenspezifischen Mittelwerte mit jenen Mittelwerten zu vergleichen, die bei Unabhängigkeit der beiden Faktoren zu erwarten wären. Beispielsweise wäre bei unterstellter Unabhängigkeit für den Istzustand ohne Werbemaßnahmen im ländlichen Einzugsgebiet ein durchschnittlicher Absatz von 27,055 – 4,888 – 0,275 = 21,892 kg zu erwarten. Der tatsächlich erreichte Durchschnittswert (22 kg) weicht hiervon um 0,108 kg nach oben ab. Ein entsprechendes Vorgehen für die übrigen Gruppen führt auf die folgenden Werte:

Tab. 5.14: Erwartete Gruppenmittelwerte bei Unabhängigkeit der Faktoren

Faktor 2: Werbestrategie	Faktor 1: Verkaufsregion		Zeilenmittel
	Ländliches Einzugsgebiet	Städtisches Einzugsgebiet	
Ohne Werbemaßnahmen (A_0)	21,892	22,442	22,167
Verteilung von Handzetteln (A_1)	27,395	27,945	27,670
Anzeigenschaltung (A_2)	31,055	31,605	31,330
Spaltenmittel	26,780	27,330	27,055

Aus den angegebenen Werten lässt sich zunächst der auf dem Interaktionseffekt zwischen den beiden Faktoren beruhende Varianzanteil gemäß *Tabelle 5.14* des Lehrbuches (vgl. Grunwald/Hempelmann 2012, S. 89) als

$$SS_{1\times 2} = 3 \cdot [(22 - 21{,}992)^2 + (22{,}33 - 22{,}442)^2 + (29{,}67 - 27{,}395)^2 + (26{,}67 - 27{,}945)^2 + (28{,}67 - 31{,}055)^2 + (34 - 31{,}605)^2] = 54{,}71$$

berechnen. Ebenfalls nach *Tabelle 5.14* beträgt die Zahl der Freiheitsgrade für diesen Varianzanteil $(I - 1)\cdot(J - 1) = (2 - 1)\cdot(3 - 1) = 2$.

Um den F-Wert gemäß *Tabelle 5.15* des Lehrbuches (vgl. Grunwald/Hempelmann 2012, S. 90) berechnen zu können, fehlt jetzt noch die Streuung SS_W innerhalb der Gruppen. Zu deren Ermittlung ist gruppenweise die Summe der quadratischen Abweichungen der Beobachtungswerte vom Gruppenmittelwert zu berechnen und dann über alle Gruppen zu summieren. Beispielsweise erhält man in der Gruppe 1 (Ohne Werbemaßnahmen/Ländliches Einzugsgebiet) den Wert $(20 - 22)^2 + (24 - 22)^2 + (22 - 22)^2 = 8$. Summiert über alle Gruppen ergibt sich $SS_W = 176{,}67$. Nach *Tabelle 5.14* des Lehrbuches beträgt die Zahl der Freiheitsgrade für SS_W $I\cdot J\cdot(N - 1) = 2\cdot 3\cdot 2 = 12$. Als F-Wert ergibt sich hieraus

$$F = 54{,}71/2 : 176{,}67/12 = 1{,}86.$$

Der empirische F-Wert ist daher kleiner als der kritische F-Wert bei 2 bzw. 12 Freiheitsgraden (dieser beträgt gemäß Tabelle der F-Verteilung bei einer Irrtumswahrscheinlichkeit von 5 % 3,89). Die Nullhypothese, dass beide Faktoren unabhängig voneinander wirken, kann daher nicht verworfen werden. Es liegen also **keine signifikanten Interaktionseffekte** vor. Die gegenteilige Vermutung des Leiters der Marketing-Abteilung ist in diesem Punkt unzutreffend und damit eine Abstimmung der Werbemaßnahme auf die jeweilige Verkaufsregion offenbar nicht erforderlich.

Es bleibt zu prüfen, ob die beiden Faktoren isoliert voneinander einen Einfluss auf den Absatz von *Baff* haben. Nach *Tabelle 5.14* des Lehrbuches (vgl. Grunwald/Hempelmann 2012, S. 89) errechnet sich die durch Faktor 1 (der Verkaufsregion) bedingte Streuung zu

$$SS_1 = 3 \cdot 3 \cdot [(26{,}78 - 27{,}055)^2 + (27{,}33 - 27{,}055)^2] = 1{,}36.$$

Die Zahl der Freiheitsgrade beträgt (I – 1) = 1. Hieraus ergibt sich der F-Wert

$$F = 1{,}36/1 : 176{,}67/12 = 0.09.$$

Da dieser Wert den kritischen F-Wert bei 1 bzw. 12 Freiheitsgraden (= 4,75 gemäß Tabelle der F-Verteilung, vgl. auch *Tabelle 5.17* in Grunwald/Hempelmann 2012, S. 92) nicht übersteigt, kann die Nullhypothese, dass die Verkaufsregion keinen Einfluss auf den Absatz von *Baff* hat, nicht verworfen werden. Die Mittelwertunterschiede zwischen ländlicher und städtischer Verkaufsregion sind **nicht signifikant**.

Ebenfalls nach *Tabelle 5.14* des Lehrbuches errechnet sich die durch Faktor 2 (der Werbestrategie) bedingte Streuung zu

$$SS_2 = 2 \cdot 3 \cdot [(22{,}167 - 27{,}055)^2 + (27{,}67 - 27{,}055)^2 + (31{,}33 - 27{,}055)^2] = 255{,}28.$$

Die Zahl der Freiheitsgrade beträgt (J – 1) = 2. Man erhält den F-Wert

$$F = 255{,}28/2 : 176{,}67/12 = 8{,}67.$$

Der empirische F-Wert übersteigt damit den kritischen F-Wert bei 2 bzw. 12 Freiheitsgraden (= 3,89), so dass die Nullhypothese, die Werbestrategie habe keinen Einfluss auf den Absatz von *Baff* verworfen werden muss. Die zwischen den drei Werbestrategien festgestellten Mittelwertunterschiede **sind signifikant** und nicht rein zufälliger Natur. Zudem ergibt sich aus den Mittelwerten, dass der Absatz von *Baff* besser durch Anzeigenschaltung als durch die Verteilung von Handzetteln gefördert werden kann.

Aufgabe 26: (Varianzanalyse)

Die Autoren Boulding und Kirmani (1993) untersuchten in einer viel zitierten Studie, ob Konsumenten Garantien als Indikator für die Produktqualität heranziehen. In einem experimentellen Untersuchungsdesign variierten die Autoren mittels unterschiedlich gestalteter Informationsmaterialien über den Hersteller und Werbeanzeigen für einen fiktiven Computer die folgenden Faktoren:

- Reputation des Anbieters (niedrig/hoch)
- Garantiedauer (3 Monate/7 Jahre)
- Garantieumfang (beschränkt/unbeschränkt).

Da hier drei Faktoren in jeweils zwei Ausprägungen systematisch variiert werden, wird auch von einem 2×2×2-Faktoriellen Untersuchungsdesign gesprochen.

Die 150 Probanden beurteilten am Ende des Experiments die Qualität des beworbenen Computers auf einer Skala von eins bis sieben. Dabei stand „eins" für „niedrige Qualität" und „sieben" für „hohe Qualität". Die folgenden Tabellen zeigen die mit SPSS gewonnenen Ergebnisse der Datenauswertung:

5.3 Multivariate Analyseverfahren

Tab. 5.15: SPSS-Datenoutput „ANOVA-RESULTS (F-Values)"

Source of Variation	Wahrgenommene Qualität
Reputation (R)	44.73**
Garantiedauer (Z)	.53
Garantieumfang (U)	.00
RxZ	4.43*
RxU	10.57**
ZxU	.46
RxZxU	.01
Overall Model F (7.141)	8.59**

*p<.05
**p<.01

Tab. 5.16: SPSS-Datenoutput „CELL MEANS ‚Wahrgenommene Qualität'"

		niedrige Reputation	hohe Reputation
kurze Garantie-dauer	beschränkte Garantie	3.52	3.76
	unbeschränkte Garantie	3.10	4.39
lange Garantie-dauer	beschränkte Garantie	3.34	4.25
	unbeschränkte Garantie	2.67	4.68

Interpretieren Sie die Ergebnisse! Diskutieren Sie insbesondere den Einfluss der unterschiedlichen Garantieausprägungen auf die wahrgenommene Qualität!

Lösung zu Aufgabe 26:

Insgesamt üben die drei Faktoren zusammen einen signifikanten Einfluss auf die Qualitätswahrnehmung aus ($F_{7.141}$ 8.59, p<0.01). Die Güte des Varianzmodells ist damit als gut anzusehen.

Die Reputation (R) hat einen hohen signifikanten Einfluss auf die Qualitätswahrnehmung. Je höher die Reputation, desto größer die wahrgenommene Qualität. Bei dem Einfluss der Garantieausprägungen muss differenziert argumentiert werden.

Ein signifikanter Haupteffekt lässt sich weder für die Garantiedauer (Z), noch für den Garantieumfang (U) feststellen. Dafür sind aber die jeweiligen Interaktionseffekte signifikant.

Bei niedriger Anbieterreputation wirken sich eine längere Garantiedauer und ein breiterer Garantieumfang negativ auf die Qualitätswahrnehmung aus (vgl. *Tabelle 5.16*).

Bei hoher Anbieterreputation hingegen steigern ausgeweitete Garantiebedingungen die wahrgenommene Qualität. Es besteht also sehr wohl ein Einfluss auf die wahrgenommene Qualität. Ein Anbieter hat also bei der Festlegung der Garantiebedingungen seine Reputation zu berücksichtigen.

Aufgabe 27: (Diskriminanzanalyse)

Für verschiedene Pkw-Marken wurden in einer vergleichenden Untersuchung des ADAC die nachfolgend aufgeführten Merkmale erhoben (vgl. *Tabelle 5.17*):

Tab. 5.17: Merkmalsausprägungen von Pkw-Marken

Marke/Hersteller	x_1 Wertverlust (in €/Monat)	x_2 Kraftstoffverbrauch (in l/100 km)	x_3 Kraftstoffart
Marke A: Fiat	598	9,1	Super
Marke B: BMW	570	8,3	Diesel
Marke C: Fiat	436	6,9	Diesel
Marke D: Ford	549	7,6	Diesel
Marke E: Renault	659	10,7	Super
Marke F: Daimler	666	10,5	Super
Marke G: Nissan	476	6,5	Diesel
Marke H: Porsche	1.220	12,2	Super
Marke I: Opel	655	10,2	Super
Marke J: Mazda	518	6,9	Diesel

a) Stellen Sie die Objekte im Raum der Variablen x_1 und x_2 dar. Skalieren Sie die Achsen so, dass die Gruppenzugehörigkeit (Gruppierungsvariable ist x_3) gut erkennbar ist!

b) Formulieren Sie die Zielfunktion der Diskriminanzanalyse in Abhängigkeit von den beiden Diskriminanzkoeffizienten (b_1, b_2).

c) Die Zielfunktion der Diskriminanzanalyse bestimmt lediglich das Verhältnis b_1/b_2 der beiden Diskriminanzkoeffizienten, d. h. einer der beiden Koeffizienten kann frei gewählt werden. Setzt man z. B. $b_1 = 1$, so resultiert im vorliegenden Fall die Diskriminanzfunktion

$$y = 1 \cdot x_1 + 322{,}7474 \cdot x_2.$$

Bestimmen Sie die Gleichung der Trenngeraden $y = (\bar{y}_A + \bar{y}_B)/2$ und stellen Sie deren Verlauf im Merkmalsraum dar.

d) Prüfen Sie die Güte der ermittelten Diskriminanzfunktion, indem Sie den Prozentsatz der Fehlklassifikationen bestimmen, der sich bei Anwendung der klassischen Zuordnungsregel ergibt.

5.3 Multivariate Analyseverfahren

Lösung zu Aufgabe 27 a):

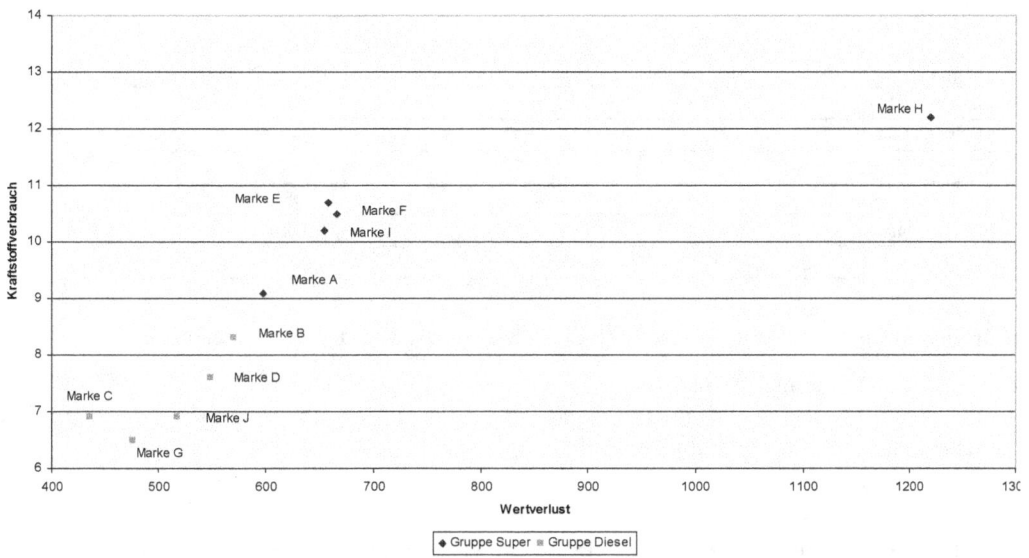

Abb. 5.7: Streudiagramm der Merkmale Wertverlust und Kraftstoffverbrauch

Lösung zu Aufgabe 27 b):

Ausgangspunkt ist die **Diskriminanzfunktion** $y = b_1 \cdot x_1 + b_2 \cdot x_2$, deren Koeffizienten bestimmt werden sollen.

Die in der Aufgabenstellung angegebene Tabelle der Merkmalsausprägungen sei hier getrennt für die beiden Kraftstoffartgruppen (Super bzw. Diesel) erneut aufgeführt und ergänzt um die jeweiligen **gruppenspezifischen Mittelwerte**.

Tab. 5.18: Merkmalsausprägungen von Pkw-Marken bei gegebener Kraftstoffart Super

Marke/Hersteller	x_1 Wertverlust (in €/Monat)	x_2 Kraftstoffverbrauch (in l/100 km)	x_3 Kraftstoffart
Marke A: Fiat	598	9,1	Super
Marke E: Renault	659	10,7	Super
Marke F: Daimler	666	10,5	Super
Marke H: Porsche	1.220	12,2	Super
Marke I: Opel	655	10,2	Super
Mittelwert	759,6	10,54	

Tab. 5.19: Merkmalsausprägungen von Pkw-Marken bei gegebener Kraftstoffart Diesel

Marke/Hersteller	x_1 Wertverlust (in €/Monat)	x_2 Kraftstoffverbrauch (in l/100 km)	x_3 Kraftstoffart
Marke B: BMW	570	8,3	Diesel
Marke C: Fiat	436	6,9	Diesel
Marke D: Ford	549	7,6	Diesel
Marke G: Nissan	476	6,5	Diesel
Marke J: Mazda	518	6,9	Diesel
Mittelwert	509,8	7,24	

Für die Gruppe Super erhält man folglich als Mittelwert der **Diskriminanzwerte**

$$\overline{y}_A = 759{,}6 \cdot b_1 + 10{,}54 \cdot b_2 .$$

Entsprechend gilt für die Gruppe Diesel

$$\overline{y}_B = 509{,}8 \cdot b_1 + 7{,}24 \cdot b_2 .$$

Für die quadratische Differenz der beiden Mittelwerte erhält man folglich den Ausdruck

$$(\overline{y}_A - \overline{y}_B)^2 = (249{,}6 \cdot b_1 + 3{,}3 \cdot b_2)^2 .$$

Um die Streuung der Diskriminanzwerte innerhalb der Gruppen zu erfassen, muss für jede Marke die quadratische Abweichung ihres Diskriminanzwertes vom gruppenspezifischen Mittelwert gebildet werden. Beispielsweise erhält man für Marke A den Diskriminanzwert

$$y = 598 \cdot b_1 + 9{,}1 \cdot b_2$$

und damit die quadratische Abweichung $(y - \overline{y}_A)^2 = (-161{,}6 \cdot b_1 - 1{,}44 \cdot b_2)^2$.

Tab. 5.20: Berechnung der quadratischen Abweichungen für die Gruppe Super

Marke/Hersteller	x_1 Wertverlust (in €/Monat)	x_2 Kraftstoffverbrauch (in l/100 km)	Quadratische Abweichung
Marke A: Fiat	598	9,1	$(-161{,}6 \cdot b_1 - 1{,}44 \cdot b_2)^2$
Marke E: Renault	659	10,7	$(-100{,}6 \cdot b_1 + 0{,}16 \cdot b_2)^2$
Marke F: Daimler	666	10,5	$(-93{,}6 \cdot b_1 - 0{,}04 \cdot b_2)^2$
Marke H: Porsche	1.220	12,2	$(460{,}4 \cdot b_1 + 1{,}66 \cdot b_2)^2$
Marke I: Opel	655	10,2	$(-104{,}6 \cdot b_1 - 0{,}34 \cdot b_2)^2$
Summe der quadratischen Abweichungen			$267.905{,}2 \cdot b_1^2 + 4{,}972 \cdot b_2^2 + 2.040{,}36 \, b_1 b_2$

5.3 Multivariate Analyseverfahren

Tab. 5.21: Berechnung der quadratischen Abweichungen für die Gruppe Diesel

Marke/Hersteller	x_1 Wertverlust (in €/Monat)	x_2 Kraftstoffverbrauch (in l/100 km)	Quadratische Abweichung
Marke B: BMW	570	8,3	$(60,2 \cdot b_1 + 1,06 \cdot b_2)^2$
Marke C: Fiat	436	6,9	$(-73,8 \cdot b_1 - 0,34 \cdot b_2)^2$
Marke D: Ford	549	7,6	$(39,2 \cdot b_1 + 0,36 \cdot b_2)^2$
Marke G: Nissan	476	6,5	$(-33,8 \cdot b_1 - 0,74 \cdot b_2)^2$
Marke J: Mazda	518	6,9	$(8,2 \cdot b_1 - 0,34 \cdot b_2)^2$
Summe der quadratischen Abweichungen	2.549	36,2	$11.816,8 \cdot b_1^2 + 2.032 \cdot b_2^2 + 250,48\, b_1 b_2$

Als Summe aller quadratischen Abweichungen in beiden Gruppen folgt der Ausdruck

$$279.722 \cdot b_1^2 + 7.004 \cdot b_2^2 + 2.290,84\, b_1 b_2.$$

Die **Zielfunktion** lautet daher $Z = \dfrac{(249,8 \cdot b_1 + 3,3 \cdot b_2)^2}{279.722 \cdot b_1^2 + 7.004 \cdot b_2^2 + 2.290,84 \cdot b_1 \cdot b_2}$.

Lösung zu Aufgabe 27 c):

Mit der angegebenen Diskriminanzfunktion erhält man folgende Mittelwerte der beiden Gruppen:

Gruppe Super:

$$\bar{y}_A = 759,6 \cdot 1 + 10,54 \cdot 322,7474 = 4.161,3576$$

Gruppe Diesel:

$$\bar{y}_B = 509,8 \cdot 1 + 7,24 \cdot 322,7474 = 2.846,4912$$

Für die **Trenngerade** gilt folglich die Gleichung $y = (\bar{y}_A + \bar{y}_B)/2 = 3.503,9244$. Nach Umstellung ist dies äquivalent mit $x_2 = 10,8565 - 0,0031 \cdot x_1$. Der Verlauf der Trenngeraden im Merkmalsraum ist unten dargestellt.

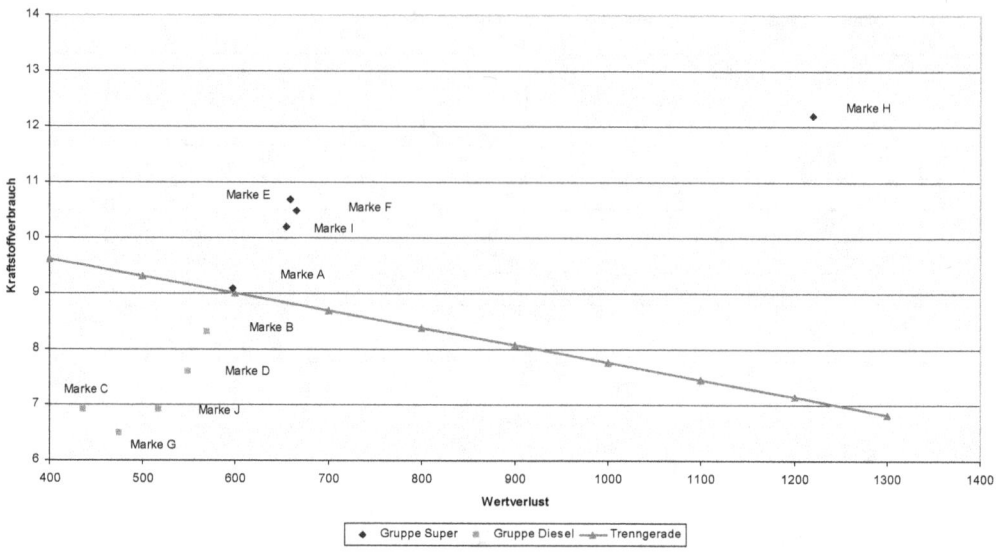

Abb. 5.8: Verlauf der Trenngeraden im Merkmalsraum

Lösung zu Aufgabe 27 d):

Nach der **klassischen Zuordnungsregel** werden Marken mit einem Diskriminanzwert y > 3.503,9244 der Gruppe Super, ansonsten der Gruppe Diesel zugeordnet. Graphisch bedeutet dies, dass alle Marken oberhalb (unterhalb) der Trenngeraden der Gruppe Super (Gruppe Diesel) zugeordnet werden. Aus der obigen Abbildung wird daher unmittelbar klar, dass alle Marken korrekt zugeordnet werden, es also keine Fehlklassifikationen gibt. Dieses Ergebnis wird auch durch Berechnung der Diskriminanzwerte bestätigt:

Tab. 5.22: Diskriminanzwerte, Gruppenzuordnung und Gruppenzugehörigkeit

Marke	Y	Zuordnung zu Gruppe	Zugehörigkeit zu Gruppe
A	3.535	Super	Super
B	3.248,8	Diesel	Diesel
C	2.662.96	Diesel	Diesel
D	3.001,88	Diesel	Diesel
E	4.112,4	Super	Super
F	4.054,85	Super	Super
G	2.573,86	Diesel	Diesel
H	5.157,52	Super	Super
I	3.947,02	Super	Super
J	2.744,96	Diesel	Diesel

Aufgabe 28: (Diskriminanzanalyse)

In einer linearen Diskriminanzanalyse für 2 Gruppen von je 50 Personen ergaben sich (auf Basis von 2 gemessenen Merkmalen X und Y) die lineare Diskriminanzfunktion $z = 0{,}3x + 0{,}2y$ sowie die Gruppenzentroide $\bar{z}(1) = 8$; $\bar{z}(2) = 23$.

a) Interpretieren Sie die Diskriminanzfunktion z sowie die Gruppenzentroide!

b) Ein Mitglied von Gruppe 1 hatte die Messwerte $x = 22$ und $y = 42$. Wird es durch die Diskriminanzfunktion z korrekt zugeordnet?

Lösung zu Aufgabe 28 a):

Die **Diskriminanzfunktion** stellt einen (linearen) Zusammenhang zwischen einer nominal skalierten abhängigen Variable Z (so genannte Gruppenvariable) und zwei metrisch skalierten unabhängigen Variablen X und Y (Merkmalsvariablen der Elemente) dar. Die Diskriminanzfunktion, auch Trennfunktion genannt, ermöglicht eine optimale Trennung zwischen zwei Gruppen und eine Prüfung der diskriminatorischen Bedeutung der Merkmalsvariablen.

Die Diskriminanzkoeffizienten repräsentieren den Einfluss der Merkmalsvariablen auf die Diskriminanzvariable (Trennvariable) z. Ein hoher Wert für einen Diskriminanzkoeffizienten weist auf eine hohe Unterscheidungskraft (diskriminatorische Bedeutung) der betreffenden Variablen hin. Im obigen Beispiel ist die Variable X für die Unterscheidung der beiden Gruppen von größerer Bedeutung als die Variable Y.

Jede Gruppe lässt sich kompakt durch ihren mittleren Diskriminanzwert $\bar{z}_k$ beschreiben, der als **Gruppenzentroid** bezeichnet wird. Einzelne Elemente sowie die Zentroide der Gruppen lassen sich auf der Diskriminanzachse lokalisieren und die Unterschiede zwischen den Elementen bzw. Zentroiden (oder Gruppen) als Distanzen repräsentieren.

Die Unterschiedlichkeit der beiden Gruppen im Beispiel lässt sich also durch die Differenz $|\bar{z}(1) - \bar{z}(2)| = |8-23| = 15$ messen. Die grundlegende Idee bei der Schätzung der Diskriminanzfunktion besteht darin, den Abstand der Projektionen der Gruppenzentroide auf der Diskriminanzachse möglichst groß werden zu lassen.

Lösung zu Aufgabe 28 b):

Die Messwerte des Mitglieds von Gruppe 1 sind in die Diskriminanzfunktion z einzusetzen: $z = 0{,}3 \cdot 22 + 0{,}2 \cdot 42 = 15$.

Der kritische Diskriminanzwert z* berechnet sich aus den Gruppenzentroiden wie folgt:

$$z^* = \frac{\bar{z}(1) + \bar{z}(2)}{2} = \frac{8 + 23}{2} = 15{,}5.$$

Da $z = 15$ kleiner ist als der kritische Diskriminanzwert $z^* = 15{,}5$, wird das Mitglied der Gruppe 1 auch durch die Diskriminanzfunktion z korrekt der Gruppe 1 zugeordnet, was auch in folgender *Abbildung 5.9* zum Ausdruck kommt.

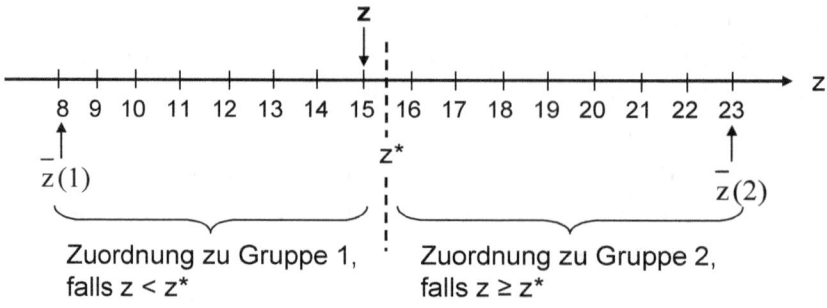

Abb. 5.9: Diskriminanzachse

Aufgabe 29: (Konjunkte Analyse)

Für die konzeptionelle Entwicklung einer neuen Sektmarke möchte die Kelterei *Schloss Gutwein* in einer repräsentativen Marktstudie den Stellenwert einzelner Produkteigenschaften ermitteln. Dazu werden die Probanden gebeten, die folgenden 6 Sektmarken, die sich hinsichtlich der Merkmale Gärungsart (Tankgärung, Flaschengärung) und Preis (20 €, 30 €, 40 €) unterscheiden, in eine Präferenzrangfolge zu bringen.

Sekt 1: Tankgärung, 20 €

Sekt 2: Tankgärung, 30 €

Sekt 3: Tankgärung, 40 €

Sekt 4: Flaschengärung, 20 €

Sekt 5: Flaschengärung, 30 €

Sekt 6: Flaschengärung, 40 €

Die folgende *Tabelle* zeigt die von einem repräsentativen Probanden vergebenen Rangwerte (1 = schwächste Präferenz, 6 = stärkste Präferenz).

Tab. 5.23: Präferenzrangwerte einer Person

Stimulus (Sekt)	1	2	3	4	5	6
Rangwert	4	3	1	6	5	2

a) Schätzen Sie die Teilpräferenzwerte der Eigenschaftsausprägungen mittels monotoner Varianzanalyse.

b) Berechnen Sie die Gesamtpräferenzwerte der Stimuli. Stellen Sie die ermittelten Gesamtpräferenzwerte den empirischen Rangwerten in einer Grafik (Shephard-Diagramm) gegenüber. Welche Aussage über die Güte Ihrer Schätzung lässt sich anhand der Grafik treffen?

c) Nehmen Sie eine Normierung der Teilpräferenzwerte auf das Intervall [0, 1] vor. Welche Aussage können Sie zur relativen Wichtigkeit der Merkmale machen?

Lösung zu Aufgabe 29 a):

Tab. 5.24: Ermittlung der Teilpräferenzwerte

Merkmal A: Gärungsart	Merkmal B: Preis			Zeilenmittel
	20 €	30 €	40 €	
Tankgärung	4	3	1	2,67
Flaschengärung	6	5	2	4,33
Spaltenmittel	5	4	1,5	3,5

Lösung zu Aufgabe 29 b):

Tab. 5.25: Gegenüberstellung von Gesamtpräferenz- und Rangwerten

Stimulus (Sekt)	Gesamtpräferenzwert	Rang
Sekt 1	7,67 (= 2,67 + 5)	4
Sekt 2	6,67 (= 2,67 + 4)	3
Sekt 3	4,17 (= 2,67 + 1,5)	1
Sekt 4	9,33 (= 4,33 + 5)	6
Sekt 5	8,33 (= 4,33 + 4)	5
Sekt 6	5,83 (= 4,33 + 1,5)	2

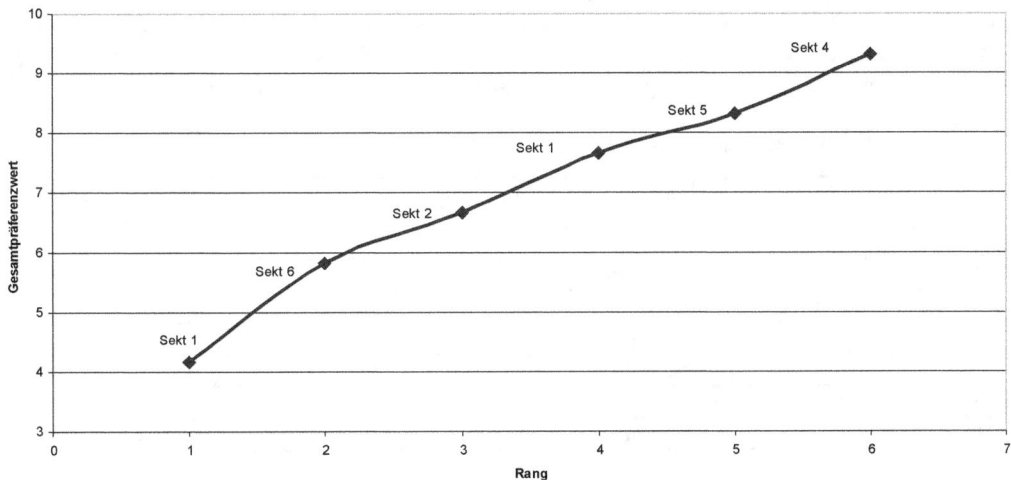

Abb. 5.10: Shephard-Diagramm

Die graphische Gegenüberstellung von Gesamtpräferenz- und Rangwerten im **Shephard-Diagramm** verdeutlicht, dass sich die vom betrachteten Probanden vergebene Rangfolge der sechs Sekte aus den Gesamtpräferenzwerten exakt rekonstruieren lässt. Damit liegt eine **perfekte Schätzung der Teilpräferenzwerte** vor.

Lösung zu Aufgabe 29 c):

Die **Normierung** erfolgt in zwei Schritten: Zunächst wird der Merkmalsausprägung, die den geringsten nicht-normierten Teilpräferenzwert aufweist (hier der Gärungsart Tankgärung und dem Preis von 40 €) der Teilpräferenzwert 0 zugewiesen. Anschließend werden die so transformierten Teilpräferenzwerte noch durch den Gesamtpräferenzwert für den am meisten präferierten Stimulus (hier Sekt 4) dividiert.

Tab. 5.26: Normierung der Teilpräferenzwerte

Merkmalsausprägung	(nicht-normierte) Teilpräferenzwerte	Teilpräferenzwerte (nach Festlegung des Nullpunktes)	Teilpräferenzwerte (nach Festlegung der Skaleneinheit)
Tankgärung	2,67	2,67 – 2,67 = 0	0/(1,67 + 3,5) = 0
Flaschengärung	4,33	4,33 – 2,67 = 1,67	1,67/(1,67 + 3,5) = 0,323
20 €	5	5 – 1,5 = 3,5	3,5/(1,67 + 3,5) = 0,677
30 €	4	4 – 1,5 = 2,5	2,5/(1,67 + 3,5) = 0,484
40 €	1,5	1,5 – 1,5 = 0	0/(1,67 + 3,5) = 0

Die **relative Wichtigkeit der Merkmale** ist durch den größten normierten Teilpräferenzwert festgelegt. Die Präferenz des betrachteten Probanden wird primär durch den Preis (w_B = 67,7 %) und weniger von der Gärungsart (w_A = 32,3 %) beeinflusst.

Aufgabe 30: (Konjunkte Analyse)

Ein Konsument bekommt in einer konjunkten Analyse die folgenden 9 Stimuli für CD-Rom-Brenner vorgelegt, für die er die in der rechten Spalte dargestellten Rangwerte vergibt, wobei der Rangwert 9 (1) die höchste (geringste) Präferenz für einen der Stimuli widerspiegelt.

Tab. 5.27: Stimuli mit Präferenzrangwerten

Stimuli	Marke	Qualität	Zusätzliche Garantie (Monate)	Preis	Rangwert
1	No-Name	Durchschnittlich	6	100 €	4
2	Marke	Langlebig	24	100 €	9
3	No-Name	Durchschnittlich	12	100 €	8
4	Marke	Durchschnittlich	12	150 €	7
5	No-Name	Langlebig	6	150 €	5
6	No-Name	Durchschnittlich	24	150 €	6
7	No-Name	Durchschnittlich	24	200 €	3
8	No-Name	Langlebig	12	200 €	2
9	Marke	Durchschnittlich	6	200 €	1

a) Bestimmen Sie die Teilpräferenzwerte für die Merkmalsausprägungen mittels monotoner Varianzanalyse. Nehmen Sie eine Normierung der Teilpräferenzwerte so vor, dass die Bedeutungsgewichte für die drei Merkmale erkennbar werden. Welchem Merkmal kommt die größte Bedeutung zu?

5.3 Multivariate Analyseverfahren

b) Dem herstellenden Unternehmen geht es darum, die Vorteilhaftigkeit der beiden nachfolgend dargestellten Produkte zu ermitteln.

Tab. 5.28: Produktstimuli

	Produkt A	Produkt B
Marke	No-Name	Marke
Qualität	Langlebig	Durchschnittlich
Zusätzliche Garantie	12 Monate	24 Monate
Preis	150 €	200 €

Welches dieser beiden Produkte würde der betrachtete Konsument vorziehen?

Lösung zu Aufgabe 30 a):

Die Berechnung der **Teilpräferenzwerte** sei exemplarisch am Beispiel langlebiger Qualität der CD-Rom Brenner betrachtet, die in den Stimuli 2, 5 und 8 verwendet werden. Der betrachtete Konsument hat für diese Stimuli die Ränge 9, 5 und 2 vergeben, woraus sich der Durchschnittsrang 5,33 ergibt. Dieser Wert entspricht dem Schätzwert für den gesuchten Teilpräferenzwert. Die übrigen Teilpräferenzwerte sind analog zu bestimmen und führen auf das unten dargestellte Ergebnis. Die **Normierung der Teilpräferenzwerte** wird anschließend analog dem in Aufgabe 29 dargestellten Vorgehen vorgenommen.

Tab. 5.29: Normierung der Teilpräferenzwerte

Merkmalsausprägung	(nicht-normierte) Teilpräferenzwerte	Teilpräferenzwerte (nach Festlegung des Nullpunktes)	Teilpräferenzwerte (nach Festlegung der Skaleneinheit)
No-Name	4,67	4,67 − 4,67 = 0	0/(1 + 0,5 + 2,67 + 5) = 0
Marke	5,67	5,67 − 4,67 = 1	1/(1 + 0,5 + 2,67 + 5) = **0,11**
Durchschnittliche Qualität	4,83	4,83 − 4,83 = 0	0/(1 + 0,5 + 2,67 + 5) = 0
Langlebige Qualität	5,33	5,33 − 4,83 = 0,5	0,5/(1 + 0,5 + 2,67 + 5) = **0,05**
6 Monate Garantie	3,33	3,33 − 3,33 = 0	0/(1 + 0,5 + 2,67 + 5) = 0
12 Monate Garantie	5,67	5,67 − 3,33 = 2,33	2,33/(1 + 0,5 + 2,67 + 5) = 0,254
24 Monate Garantie	6	6 − 3,33 = 2,67	2,67/(1 + 0,5 + 2,67 + 5) = **0,291**
100 €	7	7 − 2 = 5	5/(1 + 0,5 + 2,67 + 5) = **0,545**
150 €	6	6 − 2 = 4	4/(1 + 0,5 + 2,67 + 5) = 0,436
200 €	2	2 − 2 = 0	0/(1 + 0,5 + 2,67 + 5) = 0

Die fett markierten Werte in Spalte 4 entsprechen den relativen Wichtigkeiten der Merkmale. Demnach stellt der Preis das wichtigste Merkmal dar (54,5 %), gefolgt von der Garantie mit 29,1 %.

Lösung zu Aufgabe 30 b):

Unter Verwendung der Teilpräferenzwerte aus *Tabelle 5.29* errechnen sich die folgenden Gesamtpräferenzwerte für die beiden Produkte:

Gesamtpräferenzwert für Produkt A = 4,67 + 5,33 + 5,67 + 6 = 21,67

Gesamtpräferenzwert für Produkt B = 5,67 + 4,83 + 6 + 2 = 18,5

Der betrachtete Konsument würde daher Produkt A gegenüber Produkt B vorziehen.

Aufgabe 31: (Konjunkte Analyse)

Im Zuge der Umsetzung einer nachhaltigkeitsorientierten Unternehmensführung (engl. Corporate Social Responsibility, kurz: CSR) strebt der Automobilkonzern *Volkswagen AG* nicht nur im Bereich der Kommunikationspolitik, sondern auch in der Produktpolitik eine konsequente Neuausrichtung an.

Die Forschungs- und Entwicklungsabteilung schlägt dem Vorstand in diesem Zusammenhang vor, einen neu entwickelten, spritsparenden Motor als Serienproduktion einzusetzen, so dass gerade im Hinblick auf die wesentlich teurer werdenden Kraftstoffpreise lediglich 2,5 Liter pro gefahrene 100 km verbraucht werden, womit zugleich dem als Kaufmotiv immer bedeutsamer werdenden Umweltschutzgedanken Rechnung getragen wird. Damit das um den CSR-Gedanken erweiterte Marketingkonzept sinnvoll umgesetzt werden kann, muss zunächst in Erfahrung gebracht werden, wie der Käufer diese Merkmalsinnovation im Vergleich zu anderen Merkmalen (Airbag, Design,...) beurteilt.

In der dafür vorgesehenen Projektsitzung erwähnt der Leiter der Marketing-Abteilung das multivariate Verfahren der konjunkten Analyse, welches u. a. die Wichtigkeit der Merkmale auf Basis geschätzter Teilnutzenwerte ermittelt.

a) Halten Sie die konjunkte Analyse für ein geeignetes Verfahren hinsichtlich der hier beschriebenen Problemstellung? Falls ja, so stellen Sie die Vorgehensweise, Zielsetzung und Anwendungsmöglichkeiten der konjunkten Analyse kurz und prägnant dar.

b) Der Marketingleiter schlägt vor, dass in einem ersten Schritt die präferenzrelevanten Merkmale gefunden werden sollen, um dann in einem weiteren Teilschritt die in der Regel recht umfangreiche Merkmalsliste sinnvoll zu kürzen. Nennen Sie verschiedene Techniken, um die oben beschriebene Merkmalsliste zu erstellen. Welche Methoden können folglich für eine sinnvolle Reduktion und Auswahl der Merkmale herangezogen werden?

Durch Testberichte, Experten- und Kundenbefragungen sowie eigene Erkenntnisse haben der Marketingleiter und seine Mitarbeiter folgende Merkmalsliste erstellt:

5.3 Multivariate Analyseverfahren

Tab. 5.30: Darstellung der Merkmalsliste

Leistungsstärke (gemessen in PS)	Hubraum (gemessen in Liter)
Kraftstoffverbrauch (gemessen in Liter/100 km)	Geschwindigkeit (gemessen in km/h)
Navigationsgerät	Seitenaufprallschutz
Art des Kraftstoffverbrauches	Anzahl der Türen
Tankinhalt	Beschleunigung von 0 auf 100 km/h
Automatik	Gewicht
Anhängerkupplung	Antiblockiersystem (ABS)
Radio	Lautstärke (gemessen in dcbil)
Aerodynamik	Fahrverhalten
Langlebigkeit (Garantie)	Umweltverträglichkeit
Komfort	Preis

Der Marketingleiter betont in der Projektsitzung, dass eine sinnvolle Anwendung der konjunkten Analyse nur bei einer sehr begrenzten Anzahl von Merkmalen (in der Regel zwischen vier und sechs) und ihrer Ausprägungen möglich ist, damit der Proband bei der Beurteilung der einzelnen Automobilvarianten nicht überlastet wird.

c) Nennen Sie wesentliche Anforderungen, die bei der Auswahl an die Untersuchungsmerkmale zu stellen sind. Mit Hilfe welcher Techniken können diese Anforderungen erfüllt werden?

Folgende Kriterien werden vom Marketingleiter und seinen Mitarbeitern für die Auswahl der Merkmale vorgeschlagen:

(1) Technisch durchführbare und realisierbare Merkmale
(2) Weitgehende inhaltliche Unabhängigkeit der Merkmale
(3) Wichtigkeit für die Kaufentscheidung

In einer Vorselektion, die die Kriterien (1) und (2) weitgehend erfüllt, wurden nach einer Erhebung von Ähnlichkeitsratings für alle Merkmalspaare noch folgende zehn Merkmale herausgefiltert.

Tab. 5.31: Merkmalsliste nach Vorselektion

Merkmalsnummer	
1	Leistungsstärke
2	Kraftstoffverbrauch
3	Navigationsgerät
4	Anzahl der Türen
5	Automatik
6	Umweltverträglichkeit
7	Fahrverhalten
8	Aerodynamik
9	Komfort
10	Preis

Dabei wurden diejenigen Merkmale, die stark miteinander korrelieren, auf ein oder zwei Merkmale reduziert. So wurde z. B. ermittelt, dass die PS-Zahl, der Hubraum und das Gewicht stark korrelieren und damit Hubraum und Gewicht in der weiteren Betrachtung weggelassen wurden.

Da die in *Tabelle 5.31* dargestellte Merkmalsliste immer noch für die Verwendung der konjunkten Analyse zu viele Merkmale berücksichtigt, schlägt der Marketingleiter vor, nach Kriterium (3) die vier wichtigsten Merkmale herauszufiltern. Die Wichtigkeit soll dabei direkt anhand von Probanden ermittelt werden.

d) Welche verschiedenen Formen zur Ermittlung der Wichtigkeit kennen Sie? Beschreiben Sie diese kurz.

In einer Vorstudie haben der Marketingleiter und seine Mitarbeiter bei 50 Personen, die als repräsentativ für den potentiellen Kauf eines Mittelklassewagens gelten, die Wichtigkeit dieser 10 Merkmale auf einer 7-Punkte-Skala (1 = völlig unwichtig, 7 = extrem wichtig) erhoben. Diese 50 Personen sind durch ähnliche soziodemographische Merkmale und wirtschaftliche Verhältnisse gekennzeichnet, so dass sie als homogenes Segment betrachtet werden. Die folgende *Tabelle 5.32* gibt einen Auszug der Befragungsergebnisse wieder:

Tab. 5.32: Darstellung der Ergebnisse einer Vorstudie zur Messung der Wichtigkeit der Merkmale

		Merkmale-Nummer									
		1	2	3	4	5	6	7	8	9	10
P.-Nr.	1	3	5	6	1	1	7	6	4	3	5
	2	2	7	6	2	2	5	5	3	4	7
	3	2	6	7	1	1	4	6	4	3	3
	.	.	.	.	.	.	.	.	.	.	.
	.	.	.	.	.	.	.	.	.	.	.
	.	.	.	.	.	.	.	.	.	.	.
	50	3	6	7	2	1	4	7	5	4	6
Durchschnitt		2,7	6,2	6,6	1,5	1,7	5,3	5,8	4,8	4,3	5,9

Aus dieser Tabelle wird ersichtlich, dass die Merkmale 2, 3, 7 und 10 für die konjunkte Analyse berücksichtigt werden. Nachdem der Marketingleiter und seine Mitarbeiter die Anforderungen dieser Merkmale als hinreichend erfüllt ansehen, beschließt die Marketing-Abteilung, folgende vier Eigenschaften mit ihren Ausprägungen in die endgültige Analyse einzubeziehen:

- **Kraftstoffverbrauch (pro 100 km):** 2,5 Liter (K1), 6 Liter (K2) und 9 Liter (K3)
- **Navigationsgerät:** integriert (N1) versus nicht integriert (N2)
- **Preis:** 27.500 € (P1), 30.000 € (P2) und 32.500 € (P3)
- **Fahrverhalten:** normal (F1) versus gut (F2).

e) Nennen Sie die Vor- und Nachteile der beiden bekanntesten Erhebungsdesignmethoden. Ermitteln Sie für beide Methoden die Anzahl der von den Probanden abzugebenden Beurteilungen.

5.3 Multivariate Analyseverfahren

Im weiteren Verlauf der Untersuchung wird als Erhebungsdesign die Profilmethode eingesetzt, da sie als wesentlich realitätsnäher gegenüber der Trade-Off-Methode eingestuft wird. Ein hierfür konsultiertes Marktforschungsinstitut ermittelt dabei folgende neun Automobilvarianten zur Vorlage im Rahmen der Konsumentenbefragung:

Tab. 5.33: Die neun Automobilvarianten mit ihren Merkmalsausprägungen

Automobilvariante	K	N	P	F
I	3	2	1	1
II	3	1	2	1
III	3	2	3	2
IV	2	1	1	2
V	2	2	2	1
VI	2	2	3	1
VII	1	2	1	1
VIII	1	2	2	2
IX	1	1	3	1

Diese neun Automobilvarianten werden jetzt von den 50 Testpersonen bewertet. Ein hieraus zufällig ausgewählter Proband hat dabei folgende Präferenzrangwerte vergeben:

Tab. 5.34: Rangwerte der neun Automobilvarianten

Automobilvariante	Rangwert
I	2
II	4
III	1
IV	8
V	3
VI	5
VII	6
VIII	7
IX	9

Bei der Vergabe der Rangwerte ist zu beachten, dass ein höherer Rangwert auch einen vom Probanden höher empfundenen Nutzen signalisiert. Konkret heißt dies auch, dass die Variante IX vom Probanden am höchsten eingestuft wird.

f) Berechnen Sie die Teilnutzenwerte der 9 Automobilvarianten auf der Basis der hier vorgegebenen Rangwerte. Ermitteln Sie weiterhin die Gesamtpräferenzwerte der Varianten und beurteilen Sie die Güte der Anpassung an die gegebenen Rangwerte. Ermitteln Sie ferner die relative Wichtigkeit der Merkmale. Welche Rückschlüsse kann *Volkswagen AG* daraufhin treffen?

Aufgrund der enorm hohen Kosten in Deutschland (bedingt vor allem durch die Lohnkosten) beschließt der Vorstand der *Volkswagen AG* nach langfristigen Verhandlungen mit China die Produktion des Mittelklassewagens in dieses kostengünstige Land zu verlegen. China bietet dabei nicht nur einen kostengünstigen Produktionsstandort, sondern erweist sich mit seiner Bevölkerungszahl von über einer Milliarde als zukunftsorientierter Absatzmarkt.

Gerade die dynamisch wachsende chinesische Volkswirtschaft bekräftigt den Vorstand in seinem Beschluss, sich zunehmend dieser strategischen Orientierung zu widmen, um so die Internationalisierung der Geschäfte und weltweite Präsenz der eigenen Marke fortzuführen.

Bevor die volle Produktion des Mittelklassewagens *Golf* gefahren wird, möchte der Vorstand die ungefähren Absatzzahlen prognostizieren. Mit Hilfe von so genannten Preisabsatzfunktionen wäre eine optimale Preis-Absatz-Kombination (unter dem Aspekt der Gewinnmaximierung) bei gegebener Kostenstruktur ermittelbar.

Der Marketingleiter schlägt in einer weiteren Projektsitzung wiederum das Verfahren der konjunkten Analyse vor, welches sich nicht nur für die innovative Produktpolitik, sondern auch für die Preispolitik eignet. So hat er kürzlich in einem Fortbildungsseminar erfahren, dass mit Hilfe der konjunkten Analyse auf Basis geschätzter Teilnutzenwerte Preisabsatzfunktionen ermittelt werden können. Durch die konjunkte Analyse wird in Erfahrung gebracht, was einzelne Merkmale dem chinesischen Nachfrager wert sind, um somit die Preisbereitschaft für das Gesamtprodukt zu ermitteln. Folglich interessieren im Weiteren die zu schätzenden Teilnutzenwerte für die relevanten Merkmale und deren Umsetzung für die Preispolitik. Der Vorstand der *Volkswagen AG* beschließt deshalb, bei der Ermittlung der Preisabsatzfunktion die beiden größten Konkurrenten (*Toyota Corolla* und *Civic Honda*) bei der konjunkten Analyse mit einzubeziehen.

In einer Vorstudie, deren Vorgehensweise oben beschrieben wurde, sind folgende sechs Merkmale mit ihren Ausprägungen als sehr wichtig von potentiellen chinesischen Nachfragern eingestuft worden.

Tab. 5.35: Kaufrelevante Merkmale und Merkmalsausprägungen

Merkmal	Merkmalsausprägung
Marke	Golf (M1), Corolla (M2), Civic (M3)
Preis	15.000 (P1), 17.500 (P2), 20.000 (P3), 22.500 (P4)
Design	gut (D1), mittel (D2), schlecht (D3)
Navigationsgerät (Navi)	integriert (N1) versus nicht integriert (N2)
Verbrauch	niedrig (V1) versus normal (V2)
Leistung	54 PS (L1), 60 PS (L2), 75 PS (L3)

Nach Durchführung der Datenerhebung werden mit Hilfe der konjunkten Analyse die Teilnutzenwerte der insgesamt 1.000 Probanden geschätzt (die Vorgehensweise der Schätzung wurde oben ausführlich beschrieben). Den Probanden wurden dabei 9 Automobilvarianten präsentiert (drei Golfvarianten, drei Toyotavarianten und drei Hondavarianten). Die hier aus den 1.000 Probanden herausgesuchten zehn Testpersonen haben alle die höchste Präferenz für den *Golf*. Diese zehn Probanden haben die Merkmalsausprägungen des *Golf* unterschiedlich eingestuft und dessen Nutzenwert mit zwei weiteren unmittelbaren Konkurrenzprodukten verglichen.

Der Vergleich der Nutzenwerte erfolgt folglich jeweils bei drei Automobilvarianten, deren jeweilige Tripelbewertung sich bei diesen zehn Probanden wie folgt äußerte:

5.3 Multivariate Analyseverfahren

Für **Proband 1** gilt:

Tab. 5.36: Teilpräferenzwerte (TNW) von Proband 1

Merkmal	Merkmalsausprägungen und ihre TNW						
Marke	M1:	2,0	M2:	1,8	M3:	1,3	
Preis	P1:	2,0	P2:	1,7	P3:	1,4	P4: 1,0
Design	D1:	2,5	D2:	2,0	D3:	1,3	
Navi	N1:	1,2	N2:	1,0			
Verbrauch	V1:	1,5	V2:	1,0			
Leistung	L1:	0,9	L2:	1,0	L3:	1,5	

Tab. 5.37: Tripelvergleich bei Proband 1

Golf	TNW	Toyota	TNW	Honda	TNW
Marke (M1)	2,0	Marke (M2)	1,8	Marke (M3)	1,3
Verbrauch (V1)	1,5	Verbrauch (V1)	1,5	Verbrauch (V1)	1,5
Leistung (L2)	1,0	Leistung (L1)	0,9	Leistung (L3)	1,5
Design (D1)	2,5	Design (D2)	2,0	Design (D3)	1,3
Navi (N2)	1,0	Navi (N2)	1,0	Navi (N2)	1,0
Preis (P2)	1,7	Preis (P1)	2,0	Preis (P1)	2,0
Summe	9,7		9,2		8,6

Im weiteren Verlauf wird vorausgesetzt, dass jeweils die Variante mit dem höchsten Präferenzwert vom Konsumenten ausgewählt und nachgefragt wird. Diese Regel wird folglich auch „first-choice-Regel" genannt. Der Konsument verhält sich demnach nutzenmaximierend.

Für **Proband 2** ergeben sich die folgenden TNW:

Tab. 5.38: Teilpräferenzwerte (TNW) von Proband 2

Merkmal	Merkmalsausprägungen und ihre TNW						
Marke	M1:	1,9	M2:	1,7	M3:	1,6	
Preis	P1:	1,9	P2:	1,7	P3:	1,4	P4: 1,0
Design	D1:	2,1	D2:	1,8	D3:	1,5	
Navi	N1:	1,3	N2:	1,1			
Verbrauch	V1:	1,7	V2:	1,1			
Leistung	L1:	0,8	L2:	1,0	L3:	1,5	

Tab. 5.39: Tripelvergleich bei Proband 2

Golf	TNW	Toyota	TNW	Honda	TNW
Marke (M1)	1,9	Marke (M2)	1,7	Marke (M3)	1,6
Verbrauch (V1)	1,7	Verbrauch (V1)	1,7	Verbrauch (V1)	1,7
Leistung (L2)	1,0	Leistung (L1)	0,8	Leistung (L3)	1,5
Design (D1)	2,1	Design (D2)	1,8	Design (D3)	1,5
Navi (N2)	1,1	Navi (N2)	1,1	Navi (N2)	1,1
Preis (P2)	1,7	Preis (P1)	1,9	Preis (P1)	1,9
Summe	9,5		9,0		9,3

Für **Proband 3** gilt:

Tab. 5.40: Teilpräferenzwerte (TNW) von Proband 3

Merkmal	Merkmalsausprägungen und ihre TNW						
Marke	M1:	1,7	M2:	1,9	M3:	1,6	
Preis	P1:	1,6	P2:	1,5	P3:	1,3	P4: 1,1
Design	D1:	2,2	D2:	1,8	D3:	1,9	
Navi	N1:	1,6	N2:	1,1			
Verbrauch	V1:	1,0	V2:	0,5			
Leistung	L1:	1,0	L2:	1,3	L3:	1,5	

Tab. 5.41: Tripelvergleich bei Proband 3

Golf	TNW	Toyota	TNW	Honda	TNW
Marke (M1)	1,7	Marke (M2)	1,9	Marke (M3)	1,6
Verbrauch (V1)	1,0	Verbrauch (V1)	1,0	Verbrauch (V1)	1,0
Leistung (L2)	1,3	Leistung (L1)	1,0	Leistung (L3)	1,5
Design (D1)	2,2	Design (D2)	1,8	Design (D3)	1,9
Navi (N2)	1,1	Navi (N2)	1,1	Navi (N2)	1,1
Preis (P2)	1,5	Preis (P1)	1,6	Preis (P1)	1,6
Summe	8,8		8,4		8,7

5.3 Multivariate Analyseverfahren

Für **Proband 4** gilt:

Tab. 5.42: Teilpräferenzwerte (TNW) von Proband 4

Merkmal	Merkmalsausprägungen und ihre TNW							
Marke	M1:	2,3	M2:	2,0	M3:	1,6		
Preis	P1:	1,9	P2:	1,7	P3:	1,4	P4:	1,0
Design	D1:	2,1	D2:	1,8	D3:	1,5		
Navi	N1:	1,3	N2:	0,8				
Verbrauch	V1:	1,3	V2:	0,1				
Leistung	L1:	0,8	L2:	1,0	L3:	1,2		

Tab. 5.43: Tripelvergleich bei Proband 4

Golf	TNW	Toyota	TNW	Honda	TNW
Marke (M1)	2,3	Marke (M2)	2,0	Marke (M3)	1,6
Verbrauch (V1)	1,3	Verbrauch (V1)	1,3	Verbrauch (V1)	1,3
Leistung (L2)	1,0	Leistung (L1)	0,8	Leistung (L3)	1,2
Design (D1)	2,1	Design (D2)	1,8	Design (D3)	1,5
Navi (N2)	0,8	Navi (N2)	0,8	Navi (N2)	0,8
Preis (P2)	1,7	Preis (P1)	1,9	Preis (P1)	1,9
Summe	9,2		8,6		8,3

Für **Proband 5** gilt:

Tab. 5.44: Teilpräferenzwerte (TNW) von Proband 5

Merkmal	Merkmalsausprägungen und ihre TNW							
Marke	M1:	2,9	M2:	2,7	M3:	2,6		
Preis	P1:	0,9	P2:	0,7	P3:	0,4	P4:	0,0
Design	D1:	2,3	D2:	1,9	D3:	1,4		
Navi	N1:	1,3	N2:	1,1				
Verbrauch	V1:	1,7	V2:	1,1				
Leistung	L1:	0,8	L2:	1,0	L3:	1,1		

Tab. 5.45: Tripelvergleich bei Proband 5

Golf	TNW	Toyota	TNW	Honda	TNW
Marke (M1)	2,9	Marke (M2)	2,7	Marke (M3)	2,6
Verbrauch (V1)	1,7	Verbrauch (V1)	1,7	Verbrauch (V1)	1,7
Leistung (L2)	1,0	Leistung (L1)	0,8	Leistung (L3)	1,1
Design (D1)	2,3	Design (D2)	1,9	Design (D3)	1,4
Navi (N2)	1,1	Navi (N2)	1,1	Navi (N2)	1,1
Preis (P2)	0,7	Preis (P1)	0,9	Preis (P1)	0,9
Summe	9,7		9,1		8,8

Für **Proband 6** gilt:

Tab. 5.46: Teilpräferenzwerte (TNW) von Proband 6

Merkmal	Merkmalsausprägungen und ihre TNW							
Marke	M1:	1,8	M2:	1,5	M3:	1,6		
Preis	P1:	2,0	P2:	1,6	P3:	1,3	P4:	1,0
Design	D1:	2,1	D2:	1,8	D3:	1,5		
Navi	N1:	1,3	N2:	1,1				
Verbrauch	V1:	1,7	V2:	1,1				
Leistung	L1:	0,8	L2:	1,0	L3:	1,3		

Tab. 5.47: Tripelvergleich bei Proband 6

Golf	TNW	Toyota	TNW	Honda	TNW
Marke (M1)	1,8	Marke (M2)	1,5	Marke (M3)	1,6
Verbrauch (V1)	1,7	Verbrauch (V1)	1,7	Verbrauch (V1)	1,7
Leistung (L2)	1,0	Leistung (L1)	0,8	Leistung (L3)	1,3
Design (D1)	2,1	Design (D2)	1,8	Design (D3)	1,5
Navi (N2)	1,1	Navi (N2)	1,1	Navi (N2)	1,1
Preis (P2)	1,6	Preis (P1)	2,0	Preis (P1)	2,0
Summe	9,3		8,9		9,2

Für **Proband 7** gilt:

Tab. 5.48: Teilpräferenzwerte (TNW) von Proband 7

Merkmal	Merkmalsausprägungen und ihre TNW							
Marke	M1:	2,1	M2:	2,0	M3:	1,6		
Preis	P1:	1,8	P2:	1,5	P3:	1,3	P4:	1,0
Design	D1:	2,1	D2:	1,8	D3:	1,5		
Navi	N1:	1,3	N2:	0,9				
Verbrauch	V1:	1,6	V2:	1,1				
Leistung	L1:	0,8	L2:	1,0	L3:	1,3		

Tab. 5.49: Tripelvergleich bei Proband 7

Golf	TNW	Toyota	TNW	Honda	TNW
Marke (M1)	2,1	Marke (M2)	2,0	Marke (M3)	1,6
Verbrauch (V1)	1,6	Verbrauch (V1)	1,6	Verbrauch (V1)	1,6
Leistung (L2)	1,0	Leistung (L1)	0,8	Leistung (L3)	1,3
Design (D1)	2,1	Design (D2)	1,8	Design (D3)	1,5
Navi (N2)	0,9	Navi (N2)	0,9	Navi (N2)	0,9
Preis (P2)	1,5	Preis (P1)	1,8	Preis (P1)	1,8
Summe	9,2		8,9		8,7

5.3 Multivariate Analyseverfahren

Für **Proband 8** gilt:

Tab. 5.50: Teilpräferenzwerte (TNW) von Proband 8

Merkmal	Merkmalsausprägungen und ihre TNW						
Marke	M1:	1,9	M2:	1,7	M3:	1,6	
Preis	P1:	1,9	P2:	1,8	P3:	1,4	P4: 1,0
Design	D1:	2,1	D2:	1,8	D3:	1,7	
Navi	N1:	1,3	N2:	1,1			
Verbrauch	V1:	1,5	V2:	1,1			
Leistung	L1:	0,7	L2:	0,8	L3:	1,2	

Tab. 5.51: Tripelvergleich bei Proband 8

Golf	TNW	Toyota	TNW	Honda	TNW
Marke (M1)	1,9	Marke (M2)	1,7	Marke (M3)	1,6
Verbrauch (V1)	1,5	Verbrauch (V1)	1,5	Verbrauch (V1)	1,5
Leistung (L2)	0,8	Leistung (L1)	0,7	Leistung (L3)	1,2
Design (D1)	2,1	Design (D2)	1,8	Design (D3)	1,7
Navi (N2)	1,1	Navi (N2)	1,1	Navi (N2)	1,1
Preis (P2)	1,8	Preis (P1)	1,9	Preis (P1)	1,9
Summe	9,2		8,7		9,0

Für **Proband 9** gilt:

Tab. 5.52: Teilpräferenzwerte (TNW) von Proband 9

Merkmal	Merkmalsausprägungen und ihre TNW						
Marke	M1:	2,5	M2:	2,0	M3:	1,6	
Preis	P1:	2,2	P2:	1,9	P3:	1,7	P4: 1,5
Design	D1:	2,4	D2:	1,8	D3:	1,5	
Navi	N1:	1,3	N2:	1,1			
Verbrauch	V1:	1,4	V2:	0,5			
Leistung	L1:	0,8	L2:	1,0	L3:	1,5	

Tab. 5.53: Tripelvergleich bei Proband 9

Golf	TNW	Toyota	TNW	Honda	TNW
Marke (M1)	2,5	Marke (M2)	2,0	Marke (M3)	1,6
Verbrauch (V1)	1,4	Verbrauch (V1)	1,4	Verbrauch (V1)	1,4
Leistung (L2)	1,0	Leistung (L1)	0,8	Leistung (L3)	1,5
Design (D1)	2,4	Design (D2)	1,8	Design (D3)	1,5
Navi (N2)	1,1	Navi (N2)	1,1	Navi (N2)	1,1
Preis (P2)	1,9	Preis (P1)	2,2	Preis (P1)	2,2
Summe	10,3		9,3		9,3

Für **Proband 10** gilt:

Tab. 5.54: Teilpräferenzwerte (TNW) von Proband 10

Merkmal	Merkmalsausprägungen und ihre TNW
Marke	M1: 2,0 M2: 1,7 M3: 1,4
Preis	P1: 1,9 P2: 1,7 P3: 1,2 P4: 0,8
Design	D1: 2,1 D2: 1,8 D3: 1,6
Navi	N1: 1,3 N2: 0,8
Verbrauch	V1: 1,7 V2: 1,1
Leistung	L1: 0,8 L2: 1,0 L3: 1,5

Tab. 5.55: Tripelvergleich bei Proband 10

Golf	TNW	Toyota	TNW	Honda	TNW
Marke (M1)	2,0	Marke (M2)	1,7	Marke (M3)	1,4
Verbrauch (V1)	1,7	Verbrauch (V1)	1,7	Verbrauch (V1)	1,7
Leistung (L2)	1,0	Leistung (L1)	0,8	Leistung (L3)	1,5
Design (D1)	2,1	Design (D2)	1,8	Design (D3)	1,6
Navi (N2)	0,8	Navi (N2)	0,8	Navi (N2)	0,8
Preis (P2)	1,7	Preis (P1)	1,9	Preis (P1)	1,9
Summe	9,3		8,7		8,9

g) Ermitteln Sie die Preisbereitschaft dieser zehn Probanden, d. h. leiten Sie aus den hier angegebenen Vergleichen die Preisabsatzfunktion ab. Gehen Sie dabei davon aus, dass zwischen den Preisintervallen ein linearer Verlauf unterstellt werden kann.

Lösung zu Aufgabe 31 a):

Ziel der konjunkten Analyse ist es, auf Basis empirisch erhobener Präferenzurteile (Gesamtnutzenwerte) einer Person den Nutzenbeitrag einzelner Merkmalsausprägungen (Teilnutzenwerte) zu ermitteln.

Das Verfahren geht von der **Grundidee** aus, dass das Produkt als Bündel von Merkmalsausprägungen aufgefasst werden kann, die auch den Gesamtnutzen bestimmen. Die **Datenbasis** besteht aus ordinalen Präferenzurteilen einer Person zu unterschiedlichen Merkmalsbündeln als Stimuli (Produktvarianten). Aus der Präferenz (dem Gesamtnutzen) wird nun über das Verfahren der Beitrag der Merkmale zur Präferenz rechnerisch abgeleitet (**dekompositioneller Ansatz**).

Das formale Modell zur Verknüpfung der Teilpräferenzwerte (TNW) lässt sich wie folgt angeben.

$$y_j = \sum_{i=1}^{I} \sum_{m=1}^{M} \beta_{im} \cdot x_{im}$$

mit y_j = geschätzter Gesamtpräferenzwert
β_{im} = TNW für Ausprägung m von Eigenschaft i

5.3 Multivariate Analyseverfahren

x_{im} = Dummyvariable: 1 falls bei Stimuli j das Merkmal i in Ausprägung m vorliegt; 0 sonst

In dem betrachteten Präferenzmodell wird Unabhängigkeit der Merkmale vorausgesetzt.

Die **Vorgehensweise** der konjunkten Analyse vollzieht sich in folgenden Schritten:

1. **Auswahl der Merkmale:** In dieser Phase werden die Eigenschaften und deren Eigenschaftsausprägungen bestimmt, auf denen die zu schätzenden Teilpräferenzwerte basieren.
2. **Bestimmung des Erhebungsdesigns:** Die zu bewertenden Objekte (Stimuli) erhält man durch systematische Kombination der im ersten Schritt festgelegten Ausprägungen im Rahmen eines experimentellen Designs, wobei entweder eine Kombination von Ausprägungen aller Eigenschaften (sog. Vollprofilmethode) oder von jeweils zwei Eigenschaften (sog. Trade-off-Methode) erfolgen kann.
3. **Erheben der Präferenzurteile (Bewertung der Stimuli):** In diesem Schritt werden von den Probanden globale Präferenzurteile zu den einzelnen Stimuli erfragt, wobei üblicherweise eine Rangreihung dieser Stimuli erfolgt.
4. **Schätzung der TNW:** Das Ergebnis der Befragung in Schritt 3 bilden (ordinal skalierte) Gesamtpräferenzwerte, die nun in Schritt 4 unter Vorgabe eines Messmodells (Verknüpfungsregel) und eines geeigneten Schätzverfahrens (monotone bzw. metrische Varianzanalyse) in metrisch skalierte Teilpräferenzwerte für die einzelnen Merkmalsausprägungen transformiert werden.
5. Ggf. **Aggregation der TNW**
6. **Ermittlung der Wichtigkeit der Merkmale**

Die **Anwendungsmöglichkeiten** der konjunkten Analyse sind vielfältig. Sie eignet sich vor allem für die **Neuproduktplanung**: Die relative Wichtigkeit bestimmter Produktmerkmale (also der Präferenzbeitrag einzelner Merkmalsausprägungen zur Gesamtpräferenz) kann mit diesem Verfahren bestimmt werden. Es handelt sich um ein Verfahren, mit dessen Hilfe es besser gelingen soll, die Leistungsmerkmale des Produktangebotes und den dafür geeigneten Preis an die tatsächlichen Präferenzen der potentiellen Kunden anzupassen.

Sind die Teilnutzenwerte aller relevanten Produktmerkmale bzw. Eigenschaftsausprägungen bekannt, so können damit auch die Gesamtpräferenzwerte für neuartige Merkmalskombinationen (hypothetische Produkte) ermittelt und das Nachfragepotential hierfür abgeschätzt werden. Wird als eine Produkteigenschaft auch die Marke mit betrachtet, so kann die konjunkte Analyse auch zur **Markenwertberechnung** genutzt werden (vgl. Hempelmann/Grunwald 2008).

Eine wesentliche Anwendung, die auch in dieser Aufgabe fokussiert wird, liegt in der empirischen Bestimmung von **Preisabsatzfunktionen**.

Lösung zu Aufgabe 31 b):

Zum **Auffinden potentiell relevanter Merkmale** eignen sich:
- Prospekte etc.
- Testberichte
- Expertenbefragungen
- Kundenbefragungen (z. B. direkte Abfrage, indirekte Ermittlung über das Repertory-Grid-Verfahren, bei dem mehrere Objekte von Konsumenten im Hinblick auf Ähnlichkeit bzw. Unähnlichkeit unter Angabe des verbindenden oder trennenden Merkmals verglichen werden, Assoziationsverfahren, Gruppen-Interviews)

Der **Forderung nach Redundanzfreiheit** kann dadurch nachgekommen werden, dass Merkmale mit gleicher inhaltlicher Bedeutung nicht gleichzeitig berücksichtigt werden. Zudem ist zu fragen, ob die Merkmale beliebig miteinander kombiniert werden können.

Lösung zu Aufgabe 31 c):

Folgende **Anforderungen** sollten die Merkmale erfüllen:
1. Redundanzfreiheit (s. o.)
2. Unabhängigkeit (beim linear-additiven Modell, s. o.)
3. Beeinflussbarkeit und Realisierbarkeit durch den Hersteller
4. Kompensatorische Beziehung (geringe Ausprägungen bei einem Merkmal können durch hohe Ausprägungen bei einem anderen Merkmal ausgeglichen werden; es gibt keine Ausschlusskriterien)
5. Begrenzte Anzahl der Merkmale
6. Relevanz für die Kaufentscheidung

Lösung zu Aufgabe 31 d):

Als Verfahren zur Ermittlung der **Wichtigkeit** kommen in Betracht:
1. **Reihenfolge** der Nennung der Merkmale bei der Assoziationsmethode
2. Erhebung über **Rating-Skalen**: „Bewerten Sie folgende Merkmale mit: 1 = völlig unwichtig … 7 = extrem wichtig"
3. **Konstant-Summen-Skala**: Hierbei werden die Probanden veranlasst, eine Menge von z. B. 100 Punkten so auf die zu beurteilenden Merkmale aufzuteilen, dass sie deren Wichtigkeiten widerspiegeln. Man gewinnt hiermit individuelle Wichtigkeiten auf verhältnisskaliertem Skalenniveau.
4. **Paarvergleiche:** Z. B. „Welches von den beiden folgenden Merkmalen erscheint Ihnen für Ihre Kaufentscheidung wichtiger?"
5. **Rangordnungsverfahren:** Z. B. „Bitte geben Sie durch Rangreihung an, welches Merkmal Ihnen am wichtigsten, am zweitwichtigsten usw. erscheint."

5.3 Multivariate Analyseverfahren

Lösung zu Aufgabe 31 e):

Folgende **Merkmale und Ausprägungen** werden betrachtet:
1. **Kraftstoffverbrauch (pro 100 km):** 2,5 Liter (K1), 6 Liter (K2) und 9 Liter (K3)
2. **Navigationsgerät:** integriert (N1) versus nicht integriert (N2)
3. **Preis:** 27.500 € (P1), 30.000 € (P2) und 32.500 € (P3)
4. **Fahrverhalten:** normal (F1) versus gut (F2).

Die Stimuli können über folgende Methoden definiert werden:
1. **Zwei-Faktor-Methode** (Trade-off-Matrizen): Für jede mögliche Eigenschaftskombination wird eine Trade-off-Tabelle gebildet. Jeweils die Ausprägungen zweier Eigenschaften bilden einen Stimulus. Hiermit liegt eine einfache Bewertungsaufgabe für die Probanden vor, die jeweils nur zwei Faktoren gleichzeitig betrachten und gegeneinander abwägen müssen. Die Nachteile liegen in der wenig realistischen Beurteilungssituation. Außerdem ist eine bildliche (realistische) Darstellung der Stimuli (als Modell) nicht möglich. Von den Probanden wären insgesamt **37 Urteile** abzugeben: Dies folgt aus der Beurteilung einer 3 × 3-Matrix (Kraftstoffverbrauch vs. Preis mit 9 Urteilen), einer 2 × 2-Matrix (Navigationsgerät vs. Fahrverhalten mit 4 Urteilen) und von vier 2 × 3-Matrizen (mit 4 × 6 = 24 Urteilen), die die verbleibenden Merkmalskombinationen erfassen.
2. **(Voll-) Profilmethode:** Hierbei besteht der Stimulus aus der Kombination je einer Ausprägung aller Eigenschaften. Der Proband soll die Stimuli in eine subjektive Präferenzrangfolge bringen. Die Vorteile liegen in der realistischen Präsentation der Stimuli, die sich auch bildlich darstellen lassen sowie in der ganzheitlichen Bewertung der Stimuli durch die Probanden. Als problematisch ist die mit den Eigenschaften und deren Ausprägungen schnell anwachsende Zahl möglicher Stimuli zu bewerten. Hiermit verbunden sind die Gefahr der kognitiven Überlastung der Probanden sowie ein höherer Zeitaufwand und in der Regel auch höhere Erhebungskosten. Bei Wahl dieser Methoden wären von den Probanden insgesamt 3 × 2 × 3 × 2 = **36 Urteile** abzugeben, die sich auf 36 Stimuli beziehen.

In der Literatur werden verschiedene Verfahren diskutiert, um die Anzahl zu beurteilender Stimuli zu verringern. Beispielsweise kann bei einem symmetrischen Design mit maximal drei Merkmalen (die alle die gleiche Zahl von Ausprägungen haben) die Zahl der Stimuli durch ein so genanntes **Lateinisches Quadrat** verringert werden (vgl. z. B. Backhaus et al. 2003, S.552 f.).

Lösung zu Aufgabe 31 f):

Zur Berechnung der **Teilpräferenzwerte** ist zu prüfen, in welchen der präsentierten Automobilvarianten die jeweilige Merkmalsausprägung vorhanden ist und welche Rangwerte der Proband für diese Varianten vergeben hat. Betrachtet man beispielsweise die Ausprägung K1 (2,5 Liter) beim Kraftstoffverbrauch, so kommt diese Ausprägung gemäß *Tabelle 5.33* in den Automobilvarianten VII, VIII und IX vor. Gemäß *Tabelle 5.34* hat der hier betrachtete Proband für diese Varianten die Rangwerte 6, 7 und 9 vergeben. Um den Teilpräferenzwert für die Ausprägung K1 zu schätzen, werden diese Ränge gemittelt und man erhält $(6 + 7 + 9)/3 = 22/3$. In analoger Weise wird für sämtliche Merkmalsausprägungen vorgegangen.

Tab. 5.56:   Schätzung der Teilpräferenzwerte

Merkmal	Teilpräferenzwert
Merkmal 1: Kraftstoffverbrauch	
K1: 2,5 Liter	22/3
K2: 6 Liter	16/3
K3: 9 Liter	7/3
Merkmal 2: Navigationsgerät	
N1: integriert	7
N2. nicht integriert	4
Merkmal 3: Preis	
P1: 27.500 €	16/3
P2: 30.000 €	14/3
P3: 32.500 €	5
Merkmal 4: Fahrverhalten	
F1: normal	29/6
F2: gut	16/3

Mittels der geschätzten Teilpräferenzwerte lässt sich der **Gesamtpräferenzwert** für eine Automobilvariante als Summe der Teilpräferenzwerte derjenigen Merkmalsausprägungen berechnen, die bei der betrachteten Variante vorliegen. So ergibt sich z. B. der Gesamtpräferenzwert der Automobilvariante I mit den Merkmalsausprägungen K3, N2, P1 und F1 als 16,5 $(= 7/3 + 4 + 16/3 + 29/6)$.

Tab. 5.57:   Gegenüberstellung der Gesamtpräferenz- und Rangwerte der neun Automobilvarianten

Automobilvariante	Gesamtpräferenzwert	Rangwert
I	16,5	2
II	18,83	4
III	16,67	1
IV	23	8
V	18,83	3
VI	19,17	5
VII	21,5	6
VIII	21,33	7
IX	24,17	9

Das in *Abbildung 5.11* dargestellte Shephard-Diagramm verdeutlicht, dass die **Monotoniebedingung** nicht durchgängig erfüllt ist, d. h. aus den geschätzten Teilpräferenzwerten lassen sich die vom Probanden vorgegebenen Rangwerte nicht perfekt rekonstruieren. Beispielsweise ist der Gesamtpräferenzwert der Variante III größer als der der Variante I, obwohl der Proband letzterer den Rangwert 2, der Variante III aber nur den Rangwert 1 zugewiesen hat. Der **Stress** der gefundenen Lösung ist daher positiv.

5.3 Multivariate Analyseverfahren

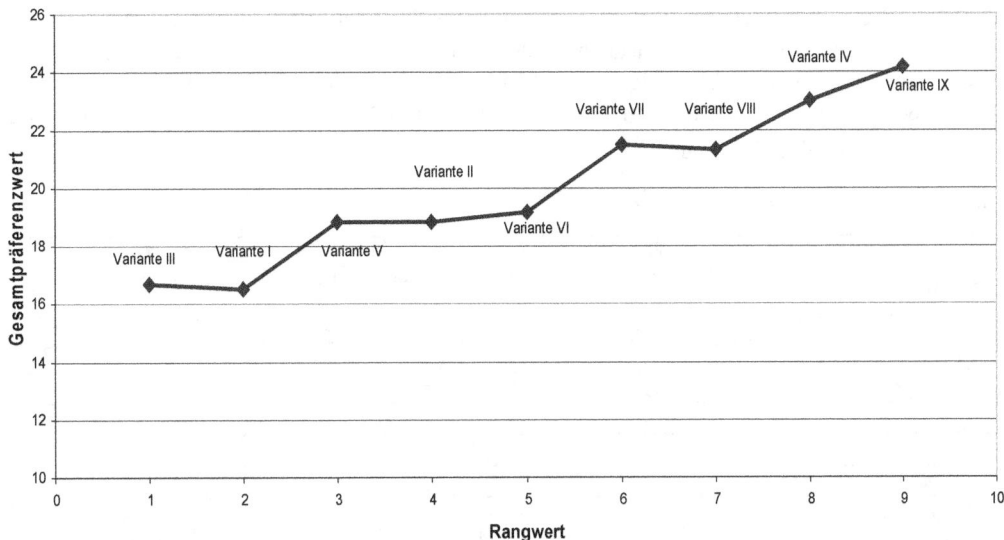

Abb. 5.11: Shephard-Diagramm

Um die Güte der gefundenen Lösung abschätzen zu können, muss das Stress-Maß berechnet werden. Dazu werden für alle Stimulipaare, die die Monotoniebedingung verletzen, Disparitäten ermittelt, indem die zugehörenden Gesamtpräferenzwerte gemittelt werden.

Tab. 5.58: Arbeitstabelle zur Stress-Berechnung

Automobilvariante	Gesamtpräferenzwert y_j	Disparität z_j	Quadrat. Abweichung $(z_j - y_j)^2$
III	16,67	(16,67+16,5)/2 = 16,585	0,007225
I	16,5	(16,67+16,5)/2 = 16,585	0,00725
V	18,83	18,83	0
II	18,83	18,83	0
VI	19,17	19,17	0
VII	21,5	(21,5+21,33)/2 = 21,415	0,007225
VIII	21,33	(21,5+21,33)/2 = 21,415	0,007225
IV	23	23	0
IX	24,17	24,17	0
Summe	180	180	0,0289

Um den Stress zu berechnen, ist noch die Summe der quadratischen Abweichungen der Gesamtpräferenzwerte y_j von ihrem Mittelwert $y = 180/9 = 20$ zu bestimmen. Diese Summe hat den Wert 57,1734. Nach Division der Summe der quadratischen Abweichungen $(z_j - y_j)^2$ durch diese Summe erhält man $S^2 = 0,0289/57,1734 = 0,000505$ bzw. $S = 0,022$. Da somit der Stress den kritischen Wert 0,1 (deutlich) unterschreitet, kann von einer recht guten (wenn auch nicht perfekten) Anpassung an die Präferenzen des Probanden gesprochen werden.

Zur Ermittlung der **relativen Wichtigkeiten** der betrachteten Merkmale ist es zunächst erforderlich, die Teilpräferenzwerte auf das Intervall [0, 1] zu normieren. Die **Normierung** erfolgt dabei in zwei Schritten: Zunächst wird für jedes Merkmal derjenigen Merkmalsausprägung, die den geringsten nicht-normierten Teilpräferenzwert aufweist, der Teilpräferenzwert 0 zugewiesen. Anschließend werden die so transformierten Teilpräferenzwerte noch durch den Gesamtpräferenzwert für die am meisten präferierte Automobilvariante (mit den Merkmalsausprägungen K1, N1, P1 und F2) dividiert.

Tab. 5.59: Normierung der Teilpräferenzwerte

Merkmal	(nicht-normierte) Teilpräferenzwerte	Teilpräferenzwerte (nach Festlegung des Nullpunktes)	Teilpräferenzwerte (nach Festlegung der Skaleneinheit)
Merkmal 1: Kraftstoffverbrauch			
K1: 2,5 Liter	22/3	22/3 − 7/3 = 5	5 : (5 + 3 + 2/3 + 1/2) = **0,545**
K2: 6 Liter	16/3	16/3 − 7/3 = 3	3 : (5 + 3 + 2/3 + 1/2) = 0,327
K3: 9 Liter	7/3	7/3 − 7/3 = 0	0 : (5 + 3 + 2/3 + 1/2) = 0
Merkmal 2: Navigationsgerät			
N1: integriert	7	7 − 4 = 3	3 : (5 + 3 + 2/3 + 1/2) = **0,327**
N2. nicht integriert	4	4 − 4 = 0	0 : (5 + 3 + 2/3 + 1/2) = 0
Merkmal 3: Preis			
P1: 27.500 €	16/3	16/3 − 14/3 = 2/3	2/3 : (5 + 3 + 2/3 + 1/2) = **0,073**
P2: 30.000 €	14/3	14/3 − 14/3 = 0	0 : (5 + 3 + 2/3 + 1/2) = 0
P3: 32.500 €	5	5 − 14/3 = 1/3	1/3 : (5 + 3 + 2/3 + 1/2) = 0,0365
Merkmal 4: Fahrverhalten			
F1: normal	29/6	29/6 − 29/6 = 0	0 : (5 + 3 + 2/3 + 1/2) = 0
F2: gut	16/3	16/3 − 29/6 = 1/2	1/2 : (5 + 3 + 2/3 + 1/2) = **0,054**

Der größte normierte Teilpräferenzwert je Merkmal legt gleichzeitig die relative Wichtigkeit des Merkmals fest. Die entsprechenden Werte sind in Tabelle 5.59 fett markiert. Es wird deutlich, dass die Präferenz des betrachteten Probanden primär vom Kraftstoffverbrauch (54,5 %) und vom Vorhandensein eines Navigationsgerätes (32,7 %) beeinflusst wird. Preis und Fahrverhalten sind hingegen für diesen Probanden von untergeordneter Bedeutung. Sollte der betrachtete Proband repräsentativ für einen größeren Kreis potentieller Käufer sein, so liefern die relativen Wichtigkeiten Einsichten darüber, auf welche Merkmale sich die *Volkswagen AG* in der Produktentwicklung konzentrieren sollte.

Lösung zu Aufgabe 31 g):

Die 1.000 befragten Probanden repräsentieren 1.000.000 potentielle Käufer. 250 der Probanden (und somit hochgerechnet 250.000 potentielle Käufer) würden den Golf zu einem Preis von 30.000 € kaufen. Die betrachteten 10 Probanden seien eine repräsentative Stichprobe aus den obigen 250.

Um die **Preisbereitschaft** dieser 10 Probanden zu ermitteln, gilt es, die folgenden Fragen zu klären:
1. Wie viele der 10 Probanden würden den Golf auch kaufen, wenn er 20.000 € (P3) bzw. 22.500 € (P4) kosten würde?
2. Bei welchem Preis bleibt der Gesamtpräferenzwert des Probanden x für den Golf gerade noch höher als die für den Toyota und Honda?

Betrachtet man z. B. Proband 1, so weist *Tabelle 5.37* einen Gesamtpräferenzwert von 9,2 für den Toyota und 8,6 für den Honda auf. Beim Preis von 17.500 € (P2) erreicht der Golf mit 9,7 den höchsten Gesamtpräferenzwert. Gemäß *Tabelle 5.36* würde eine Preiserhöhung auf 20.000 € (P3) den Gesamtpräferenzwert für den Golf um 0,3 (= 1,7 – 1,4) auf dann 9,4 sinken lassen. Auch bei diesem Preis würde der Golf weiterhin den höchsten Gesamtpräferenzwert aufweisen. Wird der Preis weiter auf 22.500 € (P4) erhöht, sinkt der Gesamtpräferenzwert um weitere 0,4 (= 1,4 – 1,0) Einheiten auf dann 9,0. In diesem Fall würde der Proband den höchsten Gesamtpräferenzwert beim Toyota erreichen, so dass er zu dieser Marke wechseln würde. Als Fazit lässt sich also festhalten, dass die Preisbereitschaft von Proband 1 für den Golf 20.000 € beträgt.

In analoger Weise sind die Preisbereitschaften der anderen Probanden zu ermitteln. Die Ergebnisse lassen sich wie folgt zusammenfassen:

Tab. 5.60: Preisbereitschaften der zehn Probanden

Proband	Preisbereitschaft in €
1	20.000
2	17.500
3	17.500
4	20.000
5	20.000
6	17.500
7	20.000
8	17.500
9	22.500
10	17.500

Beim Ausgangspreis von 17.500 € sind alle zehn Probanden bereit, den Golf zu kaufen. Bei einem Preis von 20.000 € sind nur noch die fünf Probanden 1, 4, 5, 7 und 9 bereit, den Golf zu kaufen. Bei einem Preis von 22.500 € ist nur noch ein Proband (nämlich Proband 9) bereit, den Golf zu kaufen. Geht man zwischen den drei Stützpreisen (17.500 €, 20.000 €,

22.500 €) jeweils von einem linearen Verlauf aus, so resultiert eine doppelt-geknickte Preisabsatzfunktion, deren Verlauf in *Abbildung 5.12* dargestellt ist.

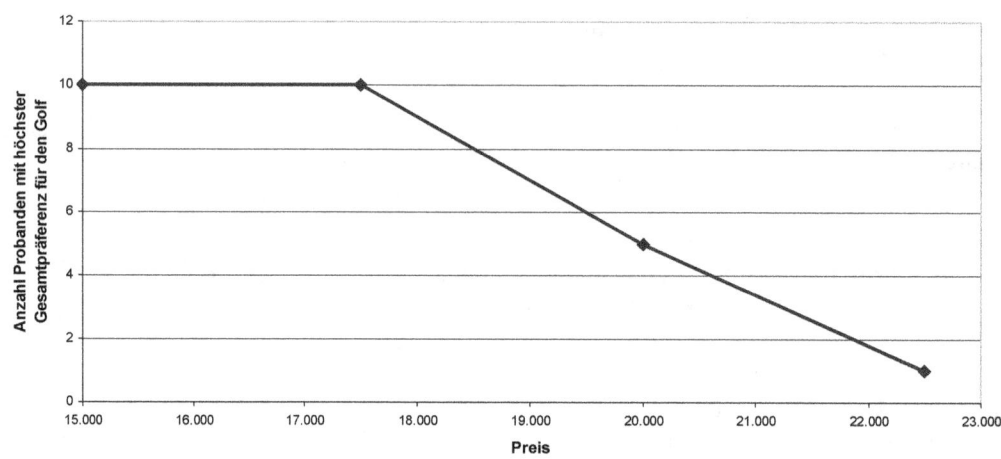

Abb. 5.12: Verlauf der Preisabsatzfunktion

5.3.2 Verfahren der Interdependenzanalyse

Aufgabe 32: (Clusteranalyse)

Ein Konsument steht vor dem Neukauf eines Pkw's. Um sich einen Überblick über die angebotenen Modelle zu verschaffen, vergleicht er diese anhand der folgenden Kriterien:

Motorleistung über 90 PS	(x_1)
Höchstgeschwindigkeit über 170 km/h	(x_2)
Benzinverbrauch auf 100 km unter 6 l	(x_3)
Seitenaufprallschutz serienmäßig	(x_4)
Anschaffungspreis unter 20.000 €	(x_5)

Unter anderem möchte er die Ähnlichkeit der Modelle *Scooter* (Marke A) und *Venga* (Marke B) beurteilen und stellt zu diesem Zweck die folgende Tabelle auf:

5.3 Multivariate Analyseverfahren

Tab. 5.61: Vergleich von Marke A (Scooter) und Marke B (Venga)

Marke	Merkmal				
	x_1	x_2	x_3	x_4	x_5
Scooter	1	1	1	0	0
Venga	0	0	1	1	1

(1 = Eigenschaft vorhanden, 0 = Eigenschaft nicht vorhanden)

a) Beurteilen Sie die Ähnlichkeit der beiden Marken anhand des Tanimoto-, RR- und M-Koeffizienten.
b) Welche Änderungen würden sich ergeben, wenn auch der Scooter mehr als 20.000 € kosten würde?

Lösung zu Aufgabe 32 a):

Ausgangspunkt für die Ähnlichkeitsmessung ist die folgende **Kontingenztabelle**.

Tab. 5.62: Kontingenztabelle

Objekt A: Scooter	Objekt B: Venga		Zeilensumme
	Eigenschaft vorhanden (1)	Eigenschaft nicht vorhanden (0)	
Eigenschaft vorhanden (1)	a = 1	c = 2	a + c = 3
Eigenschaft nicht vorhanden (0)	b = 2	d = 0	b + d = 2
Spaltensumme	a + b = 3	c + d = 2	m = 5

Da keine Eigenschaft bei beiden Objekten gleichzeitig nicht vorhanden ist (d = 0), kommen alle drei Koeffizienten zum selben Ergebnis $s_{AB} = 1/5$.

Lösung zu Aufgabe 32 b):

In diesem Fall wäre bei beiden Marken die Eigenschaft, dass der Anschaffungspreis unter 20.000 € liegt, nicht vorhanden. Die Kontingenztabelle hätte dann das folgende Aussehen.

Tab. 5.63: Kontingenztabelle bei veränderter Eigenschaftsausprägung

Objekt A: Scooter	Objekt B: Venga		Zeilensumme
	Eigenschaft vorhanden (1)	Eigenschaft nicht vorhanden (0)	
Eigenschaft vorhanden (1)	a = 1	c = 2	a + c = 3
Eigenschaft nicht vorhanden (0)	b = 1	d = 1	b + d = 2
Spaltensumme	a + b = 2	c + d = 3	m = 5

Nach dem Tanimoto-Koeffizienten wäre nun $s_{AB} = 1/4$, der RR-Koeffizient würde weiterhin $s_{AB} = 1/5$ und der M-Koeffizient $s_{AB} = 2/5$ betragen.

Aufgabe 33: (Clusteranalyse)

Ein Unternehmen steht vor dem Problem des Neukaufs eines Pkw. Der Beschaffungsabteilung liegen Angebote über 7 Pkw-Marken vor, die das Buying Center des Unternehmens anhand der folgenden Merkmale beurteilt:

(1) Motorleistung [PS]

(2) Höchstgeschwindigkeit [km/h]

(3) Benzinverbrauch auf 100 km [l]

(4) Listenpreis [1.000 EUR]

(5) Reichweite einer Tankfüllung [km]

Die betrachteten 7 Marken weisen hinsichtlich dieser Merkmale die folgenden Ausprägungen auf:

Tab. 5.64: Merkmalsausprägungen

Marke	Merkmal				
	(1)	(2)	(3)	(4)	(5)
A	70	140	8,7	25	700
B	50	120	8,5	22	550
C	120	210	9,8	35	900
D	100	180	9,5	32	900
E	45	120	8	18,5	400
F	90	165	9	27	800
G	140	250	10	40	950
Mittelwert	87,9	169,3	9,07	28,5	742,9
Standardabweichung	35,3	48,3	0,7	7,6	205,0

Das Buying Center ist sich unschlüssig, welche Marke es wählen sollte und bittet daher Sie als Mitarbeiter der Marktforschungsabteilung um Rat. Sie schlagen vor, zunächst die Marken anhand der ausgewählten Merkmale einer Clusteranalyse zu unterziehen, um einen besseren Überblick über die angebotenen Marken zu erhalten.

a) Erläutern Sie stichwortartig die Zielsetzung der Clusteranalyse sowie die zu ihrer Durchführung notwendigen Grundschritte!

b) Sie berechnen auf Basis der standardisierten Merkmalswerte die euklidischen Distanzen zwischen den 5 Pkw-Marken und erhalten das folgende Ergebnis.

5.3 Multivariate Analyseverfahren

Tab. 5.65: Euklidische Distanzen

Distanzen	A	B	C	D	E	F
A						
B	****					
C	3,01	4,05				
D	2,10	3,17	1,02			
E	2,11	1,11	4,98	4,16		
F	1,03	2,13	2,04	1,15	3,07	
G	4,21	5,24	1,26	2,24	6,10	3,23

In der Tabelle fehlt noch die Distanz zwischen den Marken A und B. Vervollständigen Sie die Tabelle, indem Sie die fehlende Distanz berechnen. Verwenden Sie dazu die folgende Formel für die euklidische Distanz

$$d_{ij} = \sqrt{\sum_{k=1}^{K}(z_{ik} - z_{jk})^2}$$

mit z_{ik} (z_{jk}) als standardisierten Merkmalswert von Objekt i (Objekt j) bei Merkmal k.

c) Wenden Sie auf die vollständige Distanzmatrix das Clusteranalyseverfahren „Single Linkage" an. Kommentieren Sie Ihre Rechenschritte und verdeutlichen Sie den Clusterprozess anhand eines Dendrogramms.

d) Welche Cluster würden Sie aufgrund des Ergebnisses Ihrer Rechnung bilden? Beschreiben Sie die von Ihnen gebildeten Cluster anhand der Abweichung der Mittelwerte der Merkmale innerhalb der Cluster vom Gesamtmittel.

Lösung zu Aufgabe 33 a):

Die **Zielsetzung der Clusteranalyse** besteht darin, eine heterogene Grundgesamtheit von Objekten zu homogenen Gruppen (Clustern) zusammenzufassen. Die Clusterbildung erfolgt dabei so, dass die einer Gruppe zugeordneten Objekte möglichst ähnlich zueinander sind, zwischen den Clustern aber möglichst deutliche Unterschiede bestehen. Ausgangspunkt der Clusteranalyse ist die Beschreibung der Objekte anhand vorab definierter Merkmale.

Anwendungsvoraussetzung und gleichzeitig *erster Schritt* der Clusteranalyse ist die **Quantifizierung von Ähnlichkeiten** zwischen den Objekten anhand dieser Merkmale. Je nach Skalenniveau der verwendeten Merkmale stehen hierzu unterschiedliche Konzepte wie z. B. der Tanimoto-Koeffizient im Fall nominal skalierter oder die Euklidische Distanz im Fall metrisch skalierter Merkmale zur Verfügung.

Im *zweiten Schritt* erfolgt dann die eigentliche **Clusterbildung**, bei der zueinander ähnliche Objekte demselben Cluster zugeordnet werden. Für den Prozess der Clusterbildung kann eine große Zahl möglicher Verfahren verwendet werden, wobei diese u. a. danach unterschieden werden, ob ein einmal gebildetes Cluster im Laufe des Verfahrens wieder aufgelöst wird oder nicht. Im letzteren Fall spricht man von einem **hierarchischen Verfahren**, wobei zwei Varianten zu differenzieren sind. Beim **agglomerativen Verfahren** bildet zunächst jedes Objekt ein eigenes Cluster. Bei jedem Verfahrensschritt werden die zueinander ähnlichsten Cluster zu einem neuen Cluster fusioniert. Das Verfahren wird so lange fortgesetzt bis alle Objekte in einem Cluster vereint sind. Beim **divisiven Verfahren** schreitet der Clusterbildungsprozess hingegen in die umgekehrte Richtung voran. Hier bilden zunächst alle Objekte ein Cluster, das dann sukzessive in immer feinere Cluster unterteilt wird bis jedes Objekt ein eigenes Cluster bildet.

Lösung zu Aufgabe 33 b):

Die Berechnung der **standardisierten Merkmalswerte** erfolgt, indem der Mittelwert des Merkmals von der jeweiligen Merkmalsausprägung abgezogen wird. Der so erhaltene Wert wird anschließend durch die Standardabweichung geteilt. Auf diese Weise erhält man z. B. für Merkmal 1 (Motorleistung) bei Marke A den standardisierten Merkmalswert

$$z_{A1} = (70 - 87{,}9)/35{,}3 = -0{,}505.$$

Die folgende Tabelle zeigt die übrigen standardisierten Merkmalswerte der beiden Marken:

Tab. 5.66: Standardisierte Merkmalswerte

Marke	standardisierte Merkmalsausprägung				
	(1)	(2)	(3)	(4)	(5)
A	−0,505	−0,606	−0,509	−0,463	−0,209
B	−1,071	−1,02	−0,783	−0,859	−0,941

Aus diesen Werten errechnet sich die euklidische Distanz zwischen den Marken A und B zu
$d_{AB} = [(-0{,}505 - (-1{,}071))^2 + \ldots + (-0{,}209 - (-0{,}941))^2]^{0{,}5} = 1{,}12$.

Lösung zu Aufgabe 33 c):

Da die Pkw-Marken C und D mit 1,02 die geringste Distanz zueinander aufweisen, werden sie im ersten Schritt des Verfahrens zu einem Cluster fusioniert. Für das so gebildete Cluster sind dann entsprechend dem **Single Linkage-Verfahren** Distanzen zu den übrigen Marken zu bilden. Beispielsweise erhält man als Distanz zu Marke B $d_{B;\{C, D\}} = \min \{d_{BC}, d_{BD}\} = \min \{4{,}05; 3{,}17\} = 3{,}17$. Es resultiert die folgende Distanzmatrix:

Tab. 5.67: Distanzmatrix nach dem ersten Fusionierungsschritt

Distanzen	A	B	{C, D}	E	F
A					
B	1,12				
{C, D}	2,10	3,17			
E	2,11	1,11	4,16		
F	**1,03**	2,13	1,15	3,07	
G	4,21	5,24	1,26	6,10	3,23

Die geringste Distanz weisen nun die Marken A und F zueinander auf. Diese werden im zweiten Schritt zu einem Cluster fusioniert und die Distanzen zu den verbleibenden Objekten und zum Cluster {C, D} neu berechnet. Es resultiert die folgende Distanzmatrix:

5.3 Multivariate Analyseverfahren

Tab. 5.68: Distanzmatrix nach dem zweiten Fusionierungsschritt

Distanzen	{A, F}	B	{C, D}	E
{A, F}				
B	1,12			
{C, D}	1,15	3,17		
E	2,11	**1,11**	4,16	
G	3,23	5,24	1,26	6,10

Nunmehr liegt die geringste Distanz zwischen den Marken B und E vor, die im nächsten Schritt des Verfahrens zu einem Cluster fusioniert werden. Es sind dann die Distanzen des neu gebildeten Clusters zu den beiden Clustern {A, F} und {C, D} sowie zur Marke G neu zu berechnen. Man erhält die folgende Distanzmatrix:

Tab. 5.69: Distanzmatrix nach dem dritten Fusionierungsschritt

Distanzen	{A, F}	{B, E}	{C, D}
{A, F}			
{B, E}	**1,12**		
{C, D}	1,15	3,17	
G	3,23	5,24	1,26

Mit 1,12 weisen jetzt die beiden Cluster {A, F} und {B, E} die geringste Distanz zueinander auf. Im nächsten Schritt werden daher diese beiden Cluster zu einem 4er-Cluster fusioniert. Nach Fusion lautet die Distanzmatrix:

Tab. 5.70: Distanzmatrix nach dem vierten Fusionierungsschritt

Distanzen	{A, B, E, F}	{C, D}
{A, B, E, F}		
{C, D}	**1,15**	
G	3,23	1,26

Im vorletzten Schritt werden die beiden Cluster {A, B, E, F} und {C, D} mit einer Entfernung von 1,15 fusioniert. Bis auf Marke G sind nunmehr alle Objekte in einem Cluster vereint. Die Entfernung des 6er-Clusters zu Marke G beträgt 1,26. Im letzten Schritt wird Marke G bei dieser Entfernung in das 6er-Cluster aufgenommen. Das Verfahren ist dann beendet.

Die einzelnen Verfahrensschritte können dem folgenden **Dendrogramm** entnommen werden.

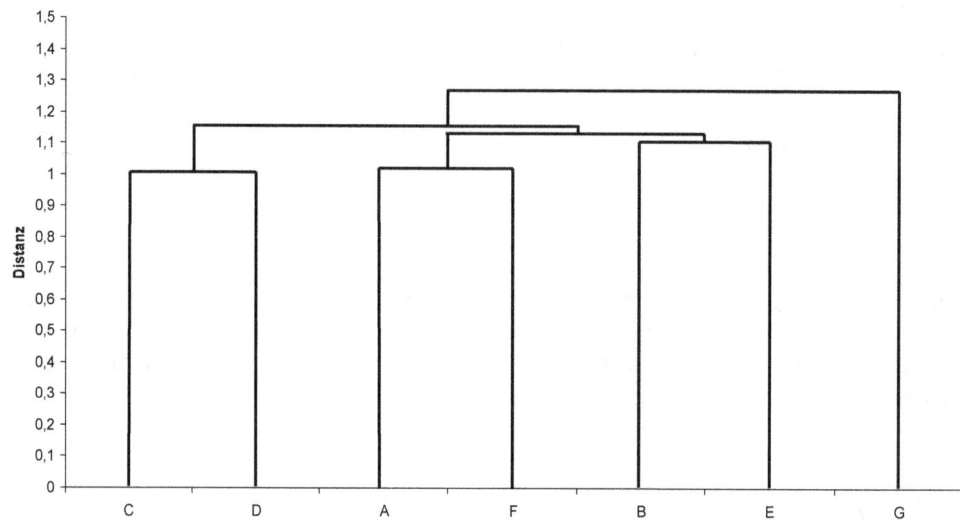

Abb. 5.13: Dendrogramm

Lösung zu Aufgabe 33 d):

Das Verfahren hat die Marke G als Ausreißerobjekt identifiziert, das nur schwer einem der gebildeten Cluster zuzuordnen ist, wobei noch die größte Ähnlichkeit zu den Marken C und D besteht. Bei den übrigen Marken liegt eine Einteilung in die beiden Cluster {A, B, E, F} und {C, D} nahe. Die folgende Tabelle beschreibt die Cluster anhand der Abweichung der Mittelwerte der Merkmale innerhalb der Cluster vom Gesamtmittel (die eingetragenen Vorzeichen geben die Richtung der Abweichung an).

Tab. 5.71: Vergleich der gefundenen Cluster

	Merkmal				
Cluster	(1)	(2)	(3)	(4)	(5)
{A, B, E, F}	63,75 (–)	136,25 (–)	8,55 (–)	23,12 (–)	612,5 (–)
{C, D}	110 (+)	195 (+)	9,65 (+)	33,5 (+)	900 (+)
Gesamtmittelwert	87,9	169,3	9,07	28,5	742,9

Das bei allen Merkmalen unterdurchschnittliche Ausprägungen aufweisende Cluster {A, B, E, F} lässt sich interpretieren als Cluster der Kleinwagen- bzw. der (unteren) Mittelklassewagen. Umgekehrt weisen die beiden Pkw-Marken des Clusters {C, D} bei allen Merkmalen überdurchschnittliche Merkmalsausprägungen auf. Dieses Cluster wird gebildet aus Marken der gehobenen Mittelklasse.

Aufgabe 34: (Faktorenanalyse)

In einer Marktforschungsstudie wurden 2000 Konsumenten gebeten, ein neues Produkt bezüglich fünf vorgegebener Merkmale X_1, X_2, X_3, X_4 und X_5 auf einer 7-stufigen Rating-Skala zu beurteilen. Als Ergebnis ergab sich folgende Korrelationsmatrix:

5.3 Multivariate Analyseverfahren

Tab. 5.72:   Matrix R der Korrelationskoeffizienten r_{ij}

r_{ij}	X_1	X_2	X_3	X_4	X_5
X_1	1,00	0,02	0,96	0,42	0,10
X_2	0,02	1,00	0,13	0,71	0,85
X_3	0,96	0,13	1,00	0,50	0,11
X_4	0,42	0,71	0,50	1,00	0,79
X_5	0,10	0,85	0,11	0,79	1,00

a) Warum sollte hier eine Faktorenanalyse durchgeführt werden? Nennen Sie kurz die Ablaufschritte einer Faktorenanalyse.

Als Ergebnis einer Hauptfaktorenanalyse (vgl. Grunwald/Hempelmann 2012, S. 108) der standardisierten Variablen liegt folgende Matrix L der Faktorladungen vor:

Tab. 5.73:   Matrix L der Faktorladungen l_{ij}

l_{ij}	Faktor F1	Faktor F2
X_1	0,56	0,82
X_2	0,78	-0,53
X_3	0,65	0,75
X_4	0,94	-0,11
X_5	0,80	-0,54

b) Welches Ziel verfolgt die Hauptfaktorenanalyse?
c) Erklären Sie die Begriffe Eigenwert und Kommunalität. Berechnen Sie anschließend anhand der vorliegenden Ladungsmatrix L die Kommunalitäten, die Eigenwerte und den von den beiden Faktoren gemeinsam erklärten Varianzanteil.
d) Nennen und erläutern Sie eine Möglichkeit, um die Anzahl der zu extrahierenden Faktoren zu bestimmen.
e) Welches Ziel verfolgt die VARIMAX-Rotation? Welche Größen ändern sich durch eine VARIMAX-Rotation und welche nicht?

Lösung zu Aufgabe 34 a):

Ziel der Faktorenanalyse ist die Rückführung von zahlreichen für einen bestimmten Sachverhalt erhobenen Variablen auf wenige zentrale Faktoren, also die Bündelung von Variablen bei gleichzeitig geringem Informationsverlust. Es handelt sich um ein so genanntes strukturenentdeckendes Verfahren. Die Faktorenanalyse hat die Aufgabe, einen Beitrag zur Entdeckung von untereinander unabhängigen Beschreibungs- und Erklärungsvariablen zu finden. Dabei wird unterstellt, dass die Korrelationen der Ausgangsdaten durch Faktoren beschreibbar sind.

Im vorliegenden Fall ist eine **Korrelationsmatrix** gegeben, deren teilweise hohe Korrelationskoeffizienten Zusammenhänge zwischen den Variablen vermuten lassen. Die Faktorenanalyse bietet sich also im vorliegenden Fall an, um die stark zusammenhängenden Gruppen von Variablen zu ermitteln und zu wenigen aussagekräftigen Faktoren zu bündeln.

Die typischen **Ablaufschritte einer Faktorenanalyse** sind:

1. Variablenauswahl und Errechnung der Korrelationsmatrix
2. Extraktion der Faktoren aus den Variablen mit Hilfe der Hauptkomponenten- oder der Hauptfaktorenmethode (vgl. Grunwald/Hempelmann 2012, S. 108)
3. Bestimmung der Anzahl der zu extrahierenden Faktoren (z. B. mittels des Kaiser-Kriteriums, vgl. Grunwald/Hempelmann 2012, S. 109)
4. Faktorentransformation und -interpretation (ggf. Rotation der Faktoren zur Interpretationserleichterung)
5. Berechnung der Faktorenwerte (Bestimmung der Werte (Ausprägungen), die die Objekte (z. B. Produkte/Marken) hinsichtlich der extrahierten Faktoren annehmen. Es interessiert also, wie die Objekte anhand der extrahierten Faktoren beurteilt wurden. Auf dieser Basis lassen sich z. B. Produktpositionierungen vornehmen.)

Lösung zu Aufgabe 34 b):
Ziel der Hauptfaktorenanalyse ist die Erklärung der Varianz der Variablen durch hypothetische Größen (Faktoren). Korrelationen werden also (im Gegensatz zur Hauptkomponentenanalyse) kausal interpretiert. Die Frage der Interpretation der Faktoren lautet dementsprechend: Wie lässt sich die Ursache bezeichnen, die für die hohen Ladungen der Variablen auf diesem Faktor verantwortlich ist?

Lösung zu Aufgabe 34 c):
Die **Kommunalität** einer Variablen j gibt den Anteil der Gesamtvarianz dieser Variablen an, der durch die *gemeinsamen* Faktoren erklärt werden soll. Da in der Regel die gemeinsamen Faktoren nicht die Gesamtvarianz erklären, sind die Kommunalitäten meist kleiner als 1. Die Kommunalität lässt sich wie folgt berechnen:

$$h_j^2 = \sum_{r=1}^{k} l_{jr}^2$$

Mit: l_{jr}^2 = quadrierte Faktorladungen

k = Anzahl gemeinsamer Faktoren

Die Kommunalitäten der Variablen j lassen sich anhand der Formel wie folgt berechnen:
$h_1^2 = 0{,}56^2 + 0{,}82^2 = 0{,}986$
$h_2^2 = 0{,}78^2 + (-0{,}53)^2 = 0{,}8893$
$h_3^2 = 0{,}65^2 + 0{,}75^2 = 0{,}985$
$h_4^2 = 0{,}94^2 + (-0{,}11)^2 = 0{,}8957$
$h_5^2 = 0{,}80^2 + (-0{,}54)^2 = 0{,}9316$

Die Gesamtkommunalität ergibt sich aus $\sum_{j=1}^{P} h_j^2 = 4{,}6876$.

Der **Eigenwert** eines Faktors r ist ein Maßstab für die durch den jeweiligen Faktor erklärte Varianz der Beobachtungswerte. Er beschreibt den Erklärungsanteil eines Faktors im Hinblick auf die Varianz *aller* Variablen: Welcher Anteil der Gesamtstreuung aller Variablen wird durch einen bestimmten Faktor erklärt? Der Eigenwert eines Faktors ist gleich der Summe der quadrierten Faktorladungen über die Variablen j = 1,...,P:

$$\lambda_r = \sum_{j=1}^{P} l_{jr}^2$$

Als Eigenwerte der Faktoren r erhält man:
$\lambda_1 = 0{,}56^2 + 0{,}78^2 + 0{,}65^2 + 0{,}94^2 + 0{,}80^2 = 2{,}8681$
$\lambda_2 = 0{,}82^2 + (-0{,}53)^2 + 0{,}75^2 + (-0{,}11)^2 + (-0{,}54)^2 = 1{,}8195$.

Der von beiden Faktoren **gemeinsam erklärte Varianzanteil** ergibt sich, indem man die Gesamtkommunalität durch die Anzahl der Variablen dividiert, hier also 4,6876/5 = 0,9375. 93,75 % der Streuung werden im Mittel durch die zwei Faktoren erklärt. Alternativ lässt sich dieser Anteil auch berechnen, indem man die Summe der Eigenwerte der beiden Faktoren durch die Anzahl der Variablen dividiert.

Lösung zu Aufgabe 34 d):
Die Anzahl der zu extrahierenden Faktoren lässt sich mit Hilfe des **Kaiser-Kriteriums** bestimmen (vgl. Grunwald/Hempelmann 2012, S. 109). Hiernach ist die Zahl der zu extrahierenden Faktoren gleich der Zahl der Faktoren mit Eigenwerten größer eins: $\lambda_j > 1$.

Lösung zu Aufgabe 34 e):
Ziel einer **VARIMAX-Rotation** (Rotation zur Einfachstruktur) ist es, eine Vereinfachung der Faktorinterpretation zu erreichen durch eine Optimierung der Ladungen auf den einzelnen Faktor. Durch die Rotation werden die Werte einiger Ladungen eines Faktors möglichst groß und die seiner übrigen Ladungen möglichst klein.

Hierbei ändert sich der Varianzbeitrag einzelner Faktoren, also die Eigenwerte. Die Kommunalitäten der Variablen bleiben jedoch unverändert. Der durch die Faktoren gemeinsam erklärte Varianzanteil (die erklärte Gesamtvarianz) ändert sich nicht.

Aufgabe 35: (Faktorenanalyse)
Bei der Untersuchung zum Image eines Ladengeschäftes (vgl. Berekoven/Eckert/Ellenrieder 2009, S. 207 ff.) wurde die Einschätzung von Kunden bezüglich elf Eigenschaften zum Image mit einer 4-stufigen Skala abgefragt:

	Trifft überhaupt nicht zu	Trifft eher nicht zu	Trifft eher zu	Trifft völlig zu
1. Freundliches, hilfsbereites Personal	☐	☐	☐	☐
2. Sehr preisgünstig	☐	☐	☐	☐
3. Keine langen Warteschlangen	☐	☐	☐	☐
4. Stets frische Ware	☐	☐	☐	☐
5. Produkte hoher Qualität	☐	☐	☐	☐
6. Sauber und gepflegt	☐	☐	☐	☐
7. Gut erreichbar	☐	☐	☐	☐
8. Große Auswahl	☐	☐	☐	☐
9. Attraktive, moderne Ladeneinrichtung	☐	☐	☐	☐
10. Viele Parkplätze	☐	☐	☐	☐
11. Ungestörte Auswahl	☐	☐	☐	☐

Abb. 5.14: Messskala zur Erhebung des Images eines Ladengeschäftes
(Quelle: Vgl. Berekoven/Eckert/Ellenrieder 2009, S. 209.)

Die elf Items zum Thema Image sollen nun mit Hilfe der Faktorenanalyse auf wenige dahinter liegende Faktoren reduziert werden. Die für die Faktorenanalyse festgelegten Variablen werden standardisiert, um Rechenprobleme zu vermeiden und um den Vergleich zwischen unterschiedlichen Skalen zu gewährleisten. Mit diesen Variablen wird eine Korrelationsmatrix erzeugt, d. h. der Korrelationskoeffizient zwischen jeder Variablen mit jeder anderen Variablen berechnet.

a) Worin liegt hier der Sinn der Korrelationsmatrix? Was soll anhand der Matrix festgestellt werden?

b) Zur Extraktion der Faktoren wird die Hauptkomponentenanalyse (principal components analysis, kurz: PCA) eingesetzt. Ziel der PCA ist es, die Datenstruktur mit möglichst wenigen Faktoren so umfassend wie möglich zu beschreiben. Das Resultat der Extraktion ist die untenstehende Faktorladungsmatrix:

5.3 Multivariate Analyseverfahren

Tab. 5.74: Faktorladungsmatrix (Quelle: Berekoven/Eckert/Ellenrieder 2009, S. 210.)

Variablen	Faktoren			h^2 Kommunalität
	I	II	III	
1	0,49	0,69	0,41	0,88
2	0,38	–0,51	0,19	0,44
3	0,20	0,60	0,42	0,58
4	0,38	–0,33	0,35	0,38
5	0,54	–0,42	0,10	0,48
6	0,45	0,29	–0,42	0,46
7	0,16	0,02	0,22	0,07
8	0,30	–0,42	0,14	0,29
9	0,60	0,17	–0,36	0,52
10	0,50	0,25	–0,55	0,62
11	0,65	–0,16	0,08	0,45
Eigenwert	2,21	1,76	1,20	5,17
Varianzanteil (Eigenwert/Zahl der Variablen)	20 %	16 %	11 %	47 %

Erläutern Sie die oben stehende Faktorladungsmatrix! Erklären Sie dabei die Begriffe Faktorladung, Kommunalität und Eigenwert eines Faktors.

c) Da die Faktoren in dieser Form schwierig zu interpretieren sind, werden sie transformiert (rotiert). Die Beziehungen der Variablen untereinander werden durch die Rotation nicht verändert, aber in der rotierten Matrix lädt jede Variable vor allem auf einem Faktor, so dass es meistens gelingt, die Variablen eindeutig den Faktoren zuzuordnen. Die Interpretation der so gewonnenen Faktoren ist allerdings nicht eindeutig. Es ergibt sich die untenstehende rotierte Faktorladungsmatrix:

Tab. 5.75: Rotierte Faktorladungsmatrix (Quelle: Berekoven/Eckert/Ellenrieder 2009, S. 211.)

Variablen	Faktoren			h^2 Kommunalität
	I	II	III	
1	0,02	0,23	**0,91**	0,88
2	**0,66**	0,01	–0,08	0,44
3	–0,13	0,01	**0,75**	0,58
4	**0,60**	–0,06	0,13	0,37
5	**0,66**	0,20	–0,02	0,48
6	–0,08	**0,66**	0,10	0,46
7	0,14	0,00	0,22	0,07
8	**0,53**	–0,01	–0,08	0,29
9	0,12	**0,70**	0,11	0,52
10	–0,06	0,46	**0,64**	0,62
11	0,43	**0,50**	0,13	0,45
Eigenwert	1,76	1,50	1,92	5,17
Varianzanteil (Eigenwert/Zahl der Variablen)	16 %	14 %	17 %	47 %

Versuchen Sie anhand der rotierten Faktorladungsmatrix, die drei extrahierten Faktoren inhaltlich zu interpretieren!

Lösung zu Aufgabe 35 a):

Die Faktorenanalyse verfolgt das Ziel, hoch korrelierte Variablen zu latenten Größen (Faktoren) zusammenzufassen, die untereinander unkorreliert sind. Den **Ausgangspunkt der Faktorenanalyse** stellt daher die **Berechnung der Korrelation** zwischen den verwendeten Variablen dar. Nur wenn überhaupt ausreichend hohe Korrelationen zwischen den Variablen existieren, ist die Durchführung einer Faktorenanalyse sinnvoll.

Lösung zu Aufgabe 35 b):

Faktorladungen können als Korrelationen zwischen ursprünglichen Variablen und Faktoren verstanden werden. Addiert man zeilenweise die quadrierten Faktorladungen, so ergeben sich die **Kommunalitäten der Variablen**. Beispielsweise erhält man für die Variable 1 (Freundlichkeit und Hilfsbereitschaft des Personals): $0,02^2 + 0,23^2 + 0,91^2 = 0,88$. Die Kommunalitäten geben an, welchen Anteil der Varianz der jeweiligen Variablen durch die extrahierten Faktoren erfasst wird. Für die Variable 1 bedeutet dies also, dass die drei Faktoren zusammen 88 % der Varianz der Einschätzungen der Freundlichkeit und Hilfsbereitschaft des Personals durch die Probanden erfassen. Der sich durch spaltenweise Addition der quadrierten Faktorladungen ergebende Eigenwert eines Faktors bestimmt, welchen Anteil an der Gesamtvarianz aller Variablen durch den jeweiligen Faktor erfasst wird. Beispielsweise wird durch Faktor 1 (vor Rotation) 20 % der Gesamtvarianz der 11 Variablen erfasst. Alle drei Faktoren erfassen zusammen 47 % der Gesamtvarianz.

5.3 Multivariate Analyseverfahren

Lösung zu Aufgabe 35 c):

Üblicherweise werden zur **Interpretation eines Faktors** nur Variablen mit einer Faktorladung > 0,5 herangezogen. Diese sind in der obigen Faktorladungsmatrix bereits fett markiert. Faktor 1 lädt vor allem auf den Variablen 2 (Preisgünstigkeit), 4 (Frische), 5 (Produktqualität) und 8 (Auswahl). Diese Variablen nehmen sämtlich Bezug auf das angebotene Sortiment, so dass entsprechend Faktor 1 mit **Sortiment** umschrieben werden könnte. Faktor 2 lädt vor allem auf den Variablen 6 (Sauberkeit), 9 (Attraktivität der Ladeneinrichtung) und 11 (Ungestörte Auswahl). Im weitesten Sinne könnte dieser Faktor die **Einkaufsatmosphäre** erfassen. Faktor 3 lädt vor allem auf den Variablen 1 (Freundlichkeit des Personals), 3 (Warteschlangen) und 10 (Parkplätze). Da diese Variablen sämtlich auf die Ladenausstattung (Art des Personals, Anzahl der Kassen und Parkplätze) Bezug nehmen, könnte Faktor 3 mit **Ausstattung** umschrieben werden. Das Image des Ladengeschäfts basiert demnach vor allem auf den Faktoren Sortiment, Einkaufsatmosphäre und Ausstattung.

Aufgabe 36: (Multidimensionale Skalierung, MDS)

Die Firma COZINHA-Küchen ist spezialisiert auf die Einrichtung von Einbauküchen. Das Unternehmen führt ein großes Sortiment an Küchenschränken und Einbauelektrogeräten. Da gerade bei Einbauelektroherden die Vielfalt der bisher von unterschiedlichen Herstellern angebotenen Geräte recht gering ist, hat die Firma COZINHA-Küchen einen sehr kreativen Techniker gebeten, einen Elektroherd mit möglichst futuristischem Design zu entwerfen. Ein Prototyp dieses Gerätes mit dem Namen *Design 2031* ist bereits vorhanden.

Damit die Unternehmensleitung eine Entscheidung über Produktion bzw. Nicht-Produktion des Gerätes *Design 2031* fällen kann, bittet sie Sie um eine Untersuchung der Absatzchancen für dieses neu zu produzierende Gerät. Ihr Vorgänger, Herr Meyer, der Anfang dieses Monats in Pension gegangen ist, hat bereits mit einer Untersuchung dieser Fragestellung begonnen. Als statistisches Auswertungsverfahren seiner Untersuchungen hat er die (nicht-metrische) Multidimensionale Skalierung (MDS) herangezogen.

a) Erläutern Sie, welches Grundproblem mittels MDS gelöst werden soll. Welche Ausgangsdaten werden für die MDS benötigt und was ist deren Ziel?

b) Kurze Zeit, nachdem der Prototyp des Modells *Design 2031* im Hause verfügbar war, hat Herr Meyer den Prototyp zusammen mit den anderen verfügbaren Herdtypen A, B und C in einem kleinen Ausstellungsraum aufbauen lassen. Eine nach Ansicht von Herrn Meyer repräsentative Gruppe von Kunden wurde von ihm gebeten, sich intensiv mit den ausgestellten Herdtypen zu beschäftigen. Anschließend wurde diese Gruppe bezüglich der Rangfolge der Ähnlichkeiten dieser Herdtypen befragt. Es ergab sich die folgende Rangfolge:

Tab. 5.76: Rangfolge der Ähnlichkeit der Objektpaare

Rangfolge der Ähnlichkeit	Objektpaar
1	B / Design 2031
2	C / B
3	A / B
4	A / C
5	A / Design 2031
6	C / Design 2031

Das Objektpaar B/Design 2031 wurde also am ähnlichsten, das Objektpaar C/Design 2031 am unähnlichsten wahrgenommen. Als erste Schätzung wurde von Herrn Meyer folgende zweidimensionale Konfiguration mit den Dimensionen „Design" (Dimension 1) und „Bedienungskomfort" (Dimension 2) gewählt:

Tab. 5.77: Zweidimensionale Konfigurationsschätzung

Produkt	Design (Dim. 1)	Bedienungskomfort (Dim. 2)
A	-1	3
B	1	1
C	-2	-1
Design 2031	3	1

b1) Zeichnen Sie die Konfiguration (= Gesamtheit aller Objektpositionen im Wahrnehmungsraum).

b2) Berechnen Sie das Stress-Maß S für diese Konfiguration. Legen Sie dabei die euklidische Metrik als Distanzmaß zugrunde. Welche Aussage lässt sich zur Güte der angegebenen Konfiguration treffen?

c) Nach der Berechnung des Stress der von Herrn Meyer vorgenommenen willkürlichen Konfigurationsschätzung sind Sie der Überzeugung, diese Konfiguration Ihren folgenden Überlegungen zur Schätzung des Absatzes für die vier Herdtypen zugrunde legen zu können. Aus Ihrem Studium sind Ihnen mit dem Idealpunktmodell und dem Idealvektormodell zwei Ansätze zur Berücksichtigung von Präferenzdaten in Produktpositionierungsmodellen bekannt. Was besagen diese beiden Ansätze?

d) Die Unternehmensleitung rechnet für das 2. Quartal des Jahres 2012 mit einem Absatz von 2.500 Elektroherden, unabhängig von der angebotenen Produktpalette. Die Marktforschungsabteilung des Unternehmens stellt Ihnen Daten über den potentiellen Absatzmarkt zur Verfügung. Die potentiellen Kunden des Unternehmens kommen aus vier Käufersegmenten, die wie folgt beschrieben werden können:

Tab. 5.78: Beschreibung von vier Käufersegmenten

Segment	Beschreibung	Anteil des Segmentes an der Gesamtnachfrage	Segmentspezifisches Idealproduktmodell	Position des Idealpunktes bzw. Richtung des Idealvektors	
				Dim. 1	Dim. 2
I	Konservative Nachfrager	40 %	Idealpunktmodell	−2	2
II	Konservative „Nimmersatts"	12 %	Idealvektormodell	−3	3
III	Moderne Nachfrager	16 %	Idealpunktmodell	2	2
IV	Moderne „Nimmersatts"	32 %	Idealvektormodell	3	2

Prognostizieren Sie den zu erwartenden Absatz der Produkte A, B, C und Design 2031 für das 2. Quartal 2012. Gehen Sie dabei in den folgenden Schritten vor:

d1) Zeichnen Sie die Idealpunkte und die Idealvektoren der vier Käufersegmente in Ihre Zeichnung von Aufgabenstellung b).

d2) Ermitteln Sie die Nachfrage der Segmente I und III. Unterstellen Sie dabei, dass beide Segmente ausschließlich jenes Produkt kaufen, das dem jeweiligen Idealpunkt am nächsten kommt.

d3) Ermitteln Sie die Nachfrage der Segmente II und IV. Bestimmen Sie dazu in Ihrer Graphik die Präferenzrangfolge der vier Produkte für jedes Segment.
Unterstellen Sie das Folgende:
- das Produkt mit der höchsten Präferenz wird von 50 % der Kunden gekauft,
- das Produkt mit der zweithöchsten Präferenz wird von 25 % der Kunden gekauft,
- das Produkt mit der dritthöchsten Präferenz wird von 15 % der Kunden gekauft und
- das Produkt mit der niedrigsten Präferenz wird von 10 % der Kunden gekauft.

d4) Berechnen Sie den prognostizierten Absatz jedes Herdtyps.

Lösung zu Aufgabe 36 a):

Die MDS ist ein Verfahren, das darauf abzielt, die subjektive Wahrnehmung von Objekten (z. B. von Produktmarken) in einem möglichst niedrig dimensionalen Raum abzubilden. Die MDS geht von der Annahme aus, dass jedes Objekt eine feste Position im **Wahrnehmungsraum** einer Person einnimmt. Die Gesamtheit aller Objektpositionen wird **Konfiguration** genannt. Als **Inputdaten der MDS** dienen global abgefragte Urteile der Probanden über Ähnlichkeiten zwischen den Objekten. Das **Ziel der MDS** besteht darin, aus den Ähnlichkeitsurteilen eine Konfiguration derart abzuleiten, dass als ähnlich empfundene Objekte räumlich nahe beieinander, unähnliche Objekte weiter entfernt voneinander liegen. Während die meisten multivariaten Verfahren (so etwa die Cluster- oder Faktorenanalyse) von explizit vorgegebenen Beurteilungskriterien (Objektmerkmalen) ausgehen, sind im Fall der MDS die Dimensionen des Wahrnehmungsraums nicht vorgegeben, sondern das Ergebnis der Analyse.

Lösung zu Aufgabe 36 b1):

Die angegebene Konfiguration ist nachfolgend graphisch dargestellt.

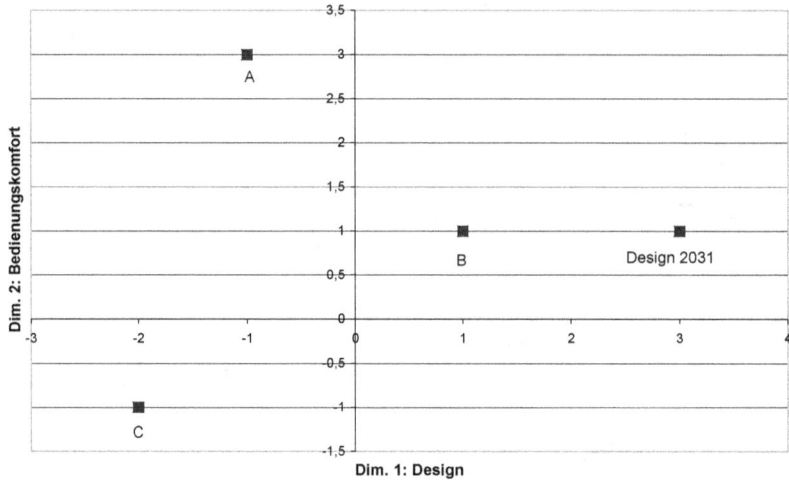

Abb. 5.15: Konfiguration

Lösung zu Aufgabe 36 b2):

Tab. 5.79: Rangfolge der Ähnlichkeit

Objektpaar	Rangfolge der Ähnlichkeit	Euklidische Distanz	Rangfolge der Ähnlichkeit anhand der Euklidischen Distanz
B / Design 2031	1	2	1
C / B	2	3,61	3
A / B	3	2,83	2
A / C	4	4,12	4
A / Design 2031	5	4,47	5
C / Design 2031	6	5,38	6

Vergleicht man die vorgegebene Rangfolge der Ähnlichkeiten (Spalte 2) mit der sich aufgrund der euklidischen Distanzen zwischen den Objekten ergebenen Rangfolge (Spalte 4), so fällt auf, dass sich bei den Objektpaaren C/B sowie A/B eine Umkehrung der Rangfolge ergibt. Obwohl die befragte Konsumentengruppe das Objektpaar C/B als ähnlicher empfunden hat als das Paar A/B, ist die räumliche Distanz zwischen A und B geringer als die zwischen C und B. Die angegebene Konfiguration gibt also die von den Probanden empfundenen Ähnlichkeiten nicht perfekt wieder. Der Stress ist damit größer als null.

5.3 Multivariate Analyseverfahren

Die **Berechnung des Stress-Maßes** beruht auf der Formel

$$S^2 = \frac{\sum_{i<j}(d_{ij} - \delta_{ij})^2}{\sum_{i<j}(d_{ij} - \overline{d})^2},$$

wobei d_{ij} die euklidische Distanz zwischen den Objekten i und j, δ_{ij} die Disparitäten (= monoton transformierte Distanzen) und $\overline{d}$ den Mittelwert der Distanzen d_{ij} angibt.

Die **Disparitäten** ergeben sich durch Mittelwertbildung der Distanzen der Objektpaare A/B und B/C: $\delta_{AB} = \delta_{BC} = (2{,}83 + 3{,}61)/2 = 3{,}22$. Man erhält also jeweils die quadratische Abweichung $(d_{AB} - \delta_{AB})^2 = (d_{BC} - \delta_{BC})^2 = 3{,}22^2 = 0{,}152$. Da alle übrigen Disparitäten den Distanzen entsprechen, erhält man für den Zähler von S^2 den Wert 0,304 (= 2 · 0,152). Die folgende Tabelle dient der Berechnung des Nenners von S^2:

Tab. 5.80: Arbeitstabelle zur Stress-Berechnung

Objektpaar	Euklidische Distanz	Quadratische Abweichung von d
B / Design 2031	2	3,01
C / B	3,61	0,016
A / B	2,83	0,819
A / C	4,12	0,148
A / Design 2031	4,47	0,54
C / Design 2031	5,38	2,706
Summe	22,41	7,239
Durchschnitt d	22,41/6 = 3,735	–

Folglich ergibt sich $S^2 = 0{,}304/7{,}239 = 0{,}042$ bzw. $S = 0{,}205$. Wie *Tabelle 5.36* im Lehrbuch zeigt (vgl. Grunwald/Hempelmann 2012, S. 122), ist damit eine ausreichende Anpassung an die empfundenen Ähnlichkeiten gegeben.

Lösung zu Aufgabe 36 c):

Das **Idealpunktmodell** unterstellt die Existenz nutzenmaximaler Ausprägungen der Beurteilungsdimensionen. Als Idealpunkt wird daher jenes (hypothetische) Objekt bezeichnet, dessen Position im Wahrnehmungsraum durch die höchste Präferenz gekennzeichnet ist. Je näher ein Objekt dem Idealpunkt kommt, desto größer ist die Präferenz für dieses Objekt. Dabei kommt es ausschließlich auf die Entfernung zum Idealpunkt, nicht aber auf die relative Lage zum Idealpunkt an. Sofern die Entfernungen über die euklidische Distanz gemessen werden, wird implizit unterstellt, dass den Dimensionen des Wahrnehmungsraums dasselbe Gewicht bei der Präferenzbildung zukommt.

Im Unterschied zum Idealpunktmodell unterstellt das **Idealvektormodell**, dass jede Vergrößerung der Ausprägung bei einer Beurteilungsdimension zu einem Nutzenanstieg führt. Der Idealvektor zeigt die Richtung des maximalen Nutzenanstiegs an. Je nach Neigung des Idealvektors wird angezeigt, welcher Beurteilungsdimension die größere Bedeutung für die Präferenzbildung zukommt. Durch senkrechte Projektion von Objektpositionen auf den Idealvektor lassen sich Aussagen über die Präferenzrangfolge der Objekte gewinnen. Im unten dargestellten Beispiel ergäbe so sich die Präferenzrangfolge C > B > A.

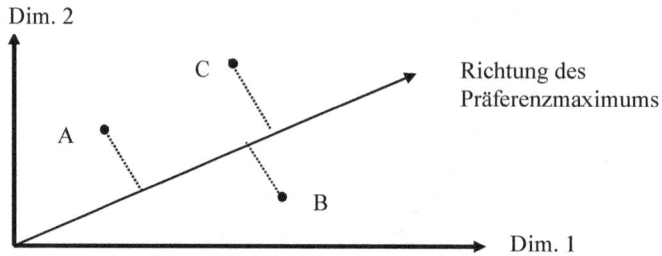

Abb. 5.16: Präferenzen im Idealvektormodell

Lösung zu Aufgabe 36 d1):

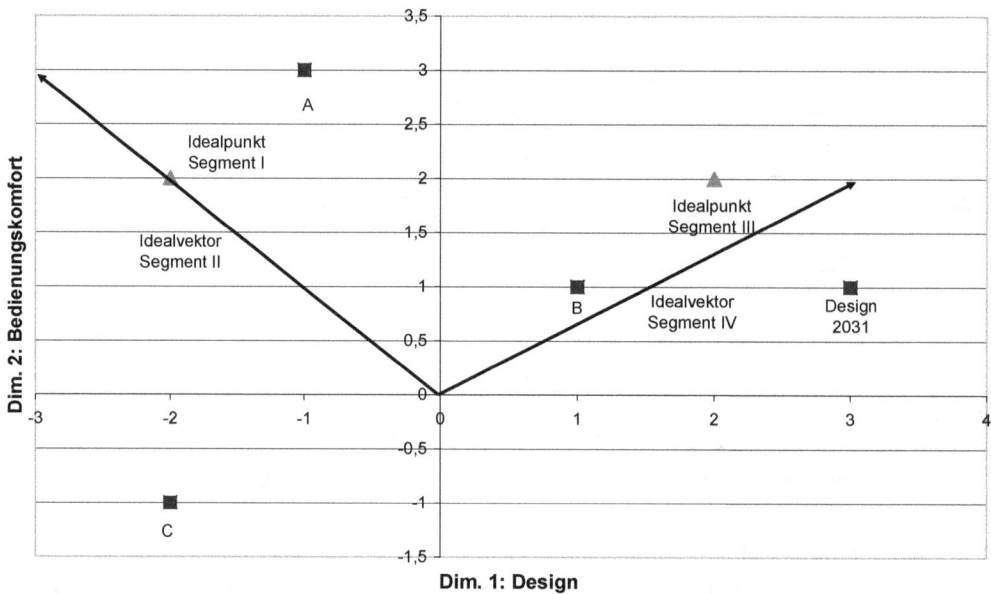

Abb. 5.17: Gemeinsamer Merkmalsraum

Lösung zu Aufgabe 36 d2):

Die obige Abbildung macht deutlich, dass Produkt A dem Idealpunkt von Segment I am nächsten kommt. Dieses Produkt wird folglich von Segment I gekauft. Da Segment I 40 % der Gesamtnachfrage ausmacht, ist bei Produkt A mit einem Absatz von 1.000 Herden (40 % von 2.500) zu rechnen. Die Produkte B und Design 2031 weisen beide denselben Abstand zum Idealpunkt von Segment III auf. Dieses Segment ist daher indifferent zwischen diesen beiden Produkten. Es darf daher unterstellt werden, dass sich der Gesamtabsatz von 400 Herden (16 % von 2.500) in diesem Segment gleichmäßig auf die beiden Produkte verteilt.

Lösung zu Aufgabe 36 d3):

Durch Projektion der vier Produkte auf den Idealvektor von Segment II erhält man die Präferenzrangfolge A > C > B > Design 2031. Aufgrund der angenommenen Kaufwahrscheinlichkeiten erhält man folgende Aufteilung des Gesamtabsatzes von 300 Herden (= 12 % von 2.500) auf die vier Produkte:

A: 150 Herde (= 50 % von 300)

B: 75 Herde (= 25 % von 300)

C: 45 Herde (= 15 % von 300)

Design 2031: 30 Herde (= 10 % von 300).

Die Projektion der vier Produkte auf den Idealvektor von Segment IV liefert die Präferenzrangfolge Design 2031 > B > A > C. Hieraus ergibt sich die folgende Aufteilung des Gesamtabsatzes von 800 Herden (= 32 % von 2.500) auf die vier Produkte:

Design 2031: 400 Herde (= 50 % von 800)

B: 200 Herde (= 25 % von 800)

A: 120 Herde (= 15 % von 800)

C: 80 Herde (= 10 % von 800).

Lösung zu Aufgabe 36 d4):

Aus den Berechnungen zu den Aufgabenteilen d2) und d3) ergeben sich die folgenden **Absatzprognosen**:

Tab. 5.81: Absatzprognosen für die Produkte A, B, C und Design 2031

Segment	A	B	C	Design 2031
I	1.000	0	0	0
II	150	45	75	30
III	0	200	0	200
IV	120	200	80	400
Summe	1.270	445	155	630

Aufgabe 37: (Multidimensionale Skalierung, MDS)

Die Firma *Ravenbrink* ist spezialisiert auf die Verarbeitung von Ziegenmilch zu Käse. Das Unternehmen führt ein umfangreiches Sortiment und ist bundesweit als Marktführer für Ziegenkäse anzusehen. Eine Marktlücke vermutet das Unternehmen bei Joghurt aus Ziegenmilch erkannt zu haben. Im Falle einer Markteinführung würden größere Investitionen erforderlich werden. Damit die Unternehmensleitung eine Entscheidung über Produktion bzw. Nichtproduktion dieses Joghurts fällen kann, soll der Markt für Joghurt hinsichtlich der Absatzchancen für Joghurt aus Ziegenmilch analysiert werden.

Ein Mitarbeiter hat bereits vor einigen Wochen mit der Untersuchung begonnen und ein Marktforschungsinstitut mit der Erhebung von unspezifischen Ähnlichkeitsurteilen beauftragt. Der Geschäftsführer bittet Sie als angehenden Marketingabsolventen darum, die Auswertungen vorzunehmen.

Für die Auswertung derartiger Daten bietet sich die nicht-metrische Multidimensionale Skalierung (MDS) an.

Die Ergebnisse der Befragung durch das Marktforschungsinstitut liegen jetzt vor. In die Untersuchung einbezogen waren neben dem Ziegenmilchjoghurt die drei Vergleichsmarken A, B und C, wobei bei allen vier Produkten die Variante ohne Frucht gewählt wurde. Über alle Auskunftspersonen aggregiert ergab sich die folgende Rangfolge:

Tab. 5.82: Rangfolge der Ähnlichkeit

Rangfolge der Ähnlichkeit	Objektpaar
1	A/B
2	C/B
3	C/A
4	Ziegenj./A
5	Ziegenj./B
6	Ziegenj./C

Aus den Aufzeichnungen des Mitarbeiters entnehmen Sie, dass die Dimensionen Haltbarkeit (Dimension 1) und Geschmack (Dimension 2) offenbar von zentraler Bedeutung sind. Das Marktforschungsinstitut hat folgende grafische Aufarbeitung der Daten mitgeliefert:

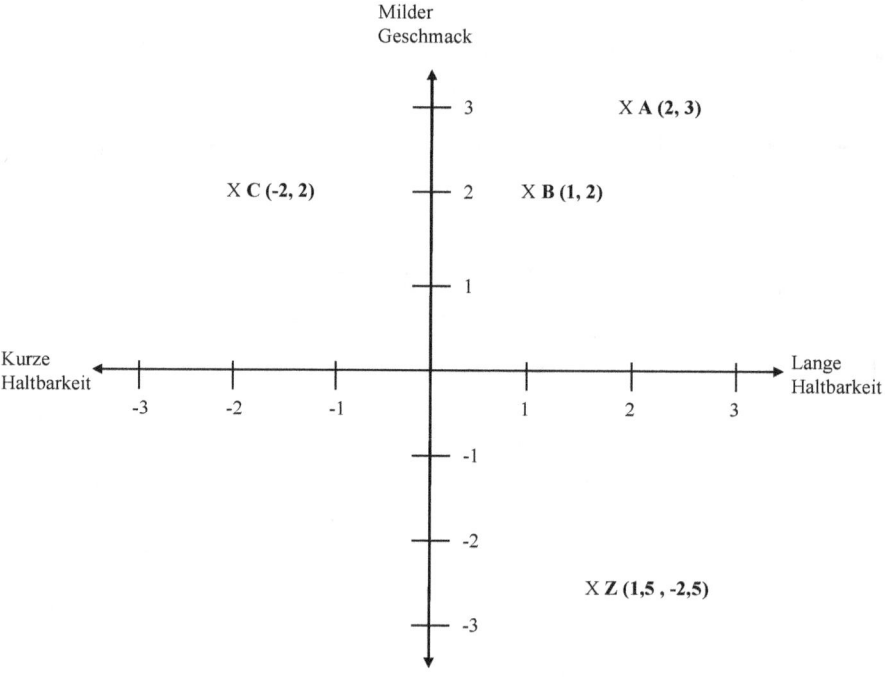

Abb. 5.18: Konfigurationsschätzung

5.3 Multivariate Analyseverfahren

a) Berechnen Sie den Stress für die vom Marktforschungsinstitut gelieferte Konfiguration! Beurteilen Sie damit die Güte dieser Konfiguration! Legen Sie dabei die euklidische Metrik als Distanzmaß zugrunde!

b) Aus früheren Marktforschungen ist bekannt, dass die drei Kundensegmente 1, 2 und 3 unterschieden werden können. Die Präferenzen von Segment 1 lassen sich durch den Idealpunkt (3, 1) kennzeichnen. Für Segment 2 gilt: Je milder, desto besser. Die Haltbarkeit spielt in diesem Segment als Kaufkriterium keine Rolle. Segment 3 legt dagegen stärkeren Wert auf herzhaften Geschmack, wobei hier die Haltbarkeit ebenso als wichtiges Kaufkriterium beurteilt wird. Der Idealvektor dieses Segments verläuft durch den Punkt (2, –2). Beurteilen Sie die Marktchancen für den neuen Joghurt aus Ziegenmilch!

c) Welche weiteren Größen sind für die Beurteilung einer Produkteinführung für den Joghurt aus Ziegenmilch von Interesse? Unter welchen Bedingungen würden Sie dem Vorstand von *Ravenbrink* diese Produkteinführung empfehlen?

Lösung zu Aufgabe 37 a):

Im ersten Schritt erfolgt die Berechnung der **Euklidischen Distanzen** unter Berücksichtigung der Koordinaten der Marken A (2|3), B (1|2), C(–2|2) und Z (Ziegenmilchjoghurt) (1,5|–2,5):

$$d_{AB} = \sqrt{(2-1)^2 + (3-2)^2} = 1{,}414$$

$$d_{AC} = \sqrt{(2+2)^2 + (3-2)^2} = 4{,}123$$

$$d_{AZ} = \sqrt{(2-1{,}5)^2 + (3+2{,}5)^2} = 5{,}523$$

$$d_{BC} = \sqrt{(1+2)^2 + (2-2)^2} = 3$$

$$d_{BZ} = \sqrt{(1-1{,}5)^2 + (2+2{,}5)^2} = 4{,}528$$

$$d_{CZ} = \sqrt{(-2-1{,}5)^2 + (2+2{,}5)^2} = 5{,}701.$$

Den Markenpaaren sind nun **Rangwerte** s_{ij} gemäß der berechneten Euklidischen Distanzen zuzuordnen, wobei eine geringe (große) Distanz eine hohe (geringe) wahrgenommene Ähnlichkeit zweier Marken indiziert und einen niedrigen (hohen) Rangwert zugewiesen bekommt. Die den Objektpaaren zugeordneten Rangwerte, die berechneten Euklidischen Distanzen, die **Disparitäten** als monoton angepasste Distanzen sowie die entsprechenden Abweichungen können der nachfolgenden Arbeitstabelle zur **Stress-Berechnung** entnommen werden. Zu beachten ist, dass lediglich die Objektpaare Z/A und Z/B die **Monotoniebedingung** verletzen (vgl. dazu Grunwald/Hempelmann 2012, S. 121). Nur für diese Objektpaare sind daher von null verschiedene Disparitäten gemäß (5,523 + 4,528)/2 = 5,026 anzusetzen.

Tab. 5.83: Arbeitstabelle zur Stress-Berechnung

Objektpaar ij	s_{ij}	d_{ij}	δ_{ij}	$(d_{ij} - \delta_{ij})^2$	$(d_{ij} - \overline{d})^2$
A/B	1	1,414	1,414	0	6,938
C/B	2	3	3	0	1,098
C/A	3	4,123	4,123	0	0,0056
Z/A	4	5,523	5,026	0,247009	2,176
Z/B	5	4,528	5,026	0,248004	0,2304
Z/C	6	5,701	5,701	0	2,732
Σ		24,289		0,495013	13,18

Die mittlere Distanz $\overline{d}$ errechnet sich aus $\overline{d} = \dfrac{2}{4(4-1)} \cdot 24{,}289 = 4{,}048$ und fließt in die Formel zur Stress-Berechnung ein. Als **Stress-Maß** ergibt sich im Fall

$$S^2 = \frac{0{,}495013}{13{,}18} = 0{,}03756 \ \Rightarrow\ S = \sqrt{0{,}03756} = 0{,}194,$$

womit eine hinreichende Anpassung der Konfiguration an die erhobenen Ähnlichkeitsdaten angezeigt wird.

Lösung zu Aufgabe 37 b):

Die in der Aufgabenstellung gegebenen Präferenzangaben über die drei Kundensegmente werden zunächst in die Konfiguration gemäß *Abbildung 5.18* eingezeichnet. Es resultiert der folgende **gemeinsame Merkmalsraum** (Joint Space), in welchem sowohl die Markenpositionen als wahrgenommene Ähnlichkeiten und Unterschiede der Marken aus Sicht der Nachfrager sowie deren Präferenzen abgebildet sind. Da für Segment 2 die Haltbarkeit kein entscheidungsrelevantes Kriterium darstellt, fällt der Idealvektor für dieses Segment mit der Merkmalsachse Geschmack zusammen. Der Vektor ist dabei so orientiert, dass ein milderer Geschmack zu einer größeren Präferenz führt.

5.3 Multivariate Analyseverfahren

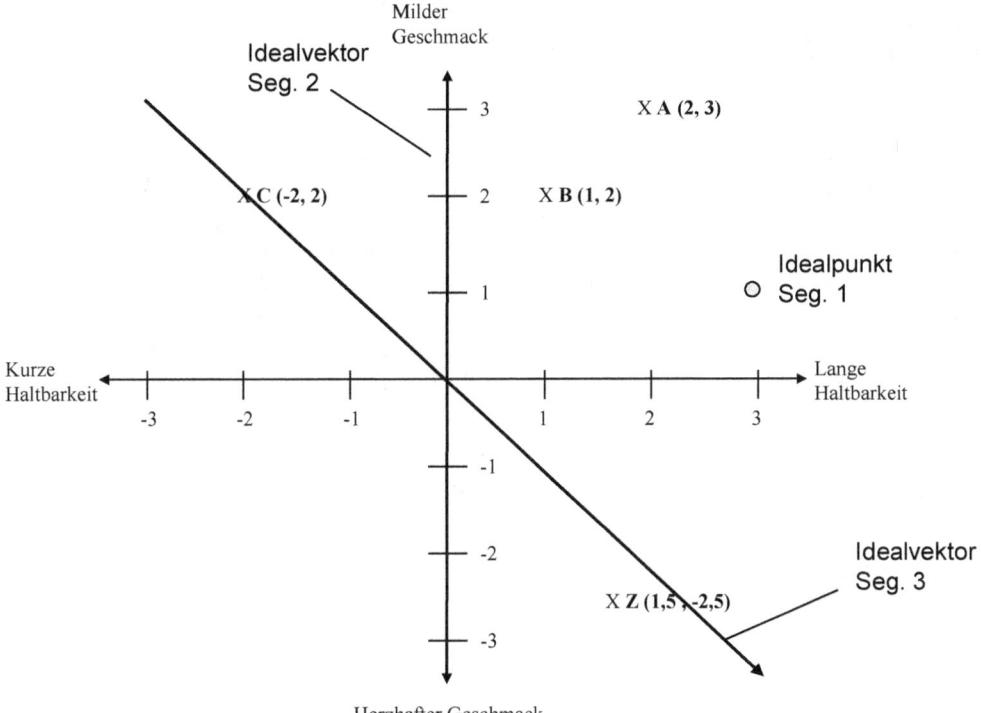

Abb. 5.19: Gemeinsamer Merkmalsraum

Zur Beurteilung der Marktchancen des Produktes Ziegenmilchjoghurt erfolgt zunächst die Bestimmung der Präferenzrangfolgen der einzelnen Kundensegmente:

- Nach dem Idealpunktmodell, das für **Segment 1** gelten soll, wird dasjenige Produkt gewählt, welches zum Idealpunkt die kürzeste richtungsunabhängige Distanz aufweist. Danach ergibt sich für Segment 1 die folgende Präferenzrangfolge: A ~ B > Z > C.
- Entscheidend für den Kauf eines Produktes im Falle des Idealvektormodells ist die Position, die die Objekte auf dem Vektor einnehmen. Für **Segment 2** sind lediglich die Ausprägungen der Dimension 2 (Geschmack) relevant. Hieraus ergibt sich die Präferenzrangfolge A > B ~ C > Z.
- Für **Segment 3** ist die Rangordnung der Präferenzen für die einzelnen Produkte dadurch zu ermitteln, dass von jedem Objektpunkt ein Lot auf den Idealvektor gefällt wird. Unter Beachtung der Orientierung des Idealvektors ergibt sich daher für dieses Segment die Präferenzrangfolge Z > A > B > C.

Offensichtlich wird das neue Produkt Z lediglich von Segment 3 stark präferiert. Z kommt also im Urteil der Nachfrager von Segment 3 ihrer Idealvorstellung von einem Joghurt am nächsten. Sie werden also bei einem eventuellen zukünftigen Kauf in dieser Produktkategorie das Produkt Z vor allen anderen auch tatsächlich kaufen. Für die beiden anderen Segmente gilt dieses eben nicht: Nachfrager dieser Segmente werden bei einem anstehenden Kauf in der Zukunft vermutlich nicht Z, sondern die Marke A kaufen.

Weiterhin lässt sich dem gemeinsamen Merkmalsraum entnehmen, dass in unmittelbarer Nähe zum Produkt Z keine Konkurrenzmarken positioniert sind. Produkt Z hat einen weiten Präferenzabstand zu den übrigen Produkten. Z wurde also offenbar in einer Marktnische positioniert.

Aus beiden Überlegungen folgt, dass die Marktchancen von Z als durchaus positiv zu bewerten sind. Voraussetzung für einen wirklichen Markterfolg ist jedoch, dass die gefundene Marktlücke auch den Bedarf eines hinreichend großen Käuferpotentials repräsentiert. Für eine endgültige Entscheidung der Positionierung von Z in diesem Bereich (Segment 3) sollten auf jeden Fall noch die Marktanteile der einzelnen Segmente (bzw. die Größe des Segmentes 3) berücksichtigt werden. Gegebenenfalls wäre auch eine Idealpunktverschiebung von Segment 1 durch absatzpolitische Mittel in die Nähe von Segment 3 zu erwägen, um eine ökonomische Tragfähigkeit der Positionierung von Z in diesem Bereich sicherzustellen.

Lösung zu Aufgabe 37 c):

Folgende **weitere Größen** dürften u. a. für die Beurteilung einer Produkteinführung von Z von Interesse sein:
- Segmentgrößen
- Absolute Marktgröße
- Größe des Marktführers
- Markteintrittsbarrieren (z. B. ein hoher Bekanntheitsgrad und hohe Markentreue bei Wettbewerbermarken)
- Preisniveau des Segments
- Freie Produktionskapazität
- Kosten des Produktionsaufbaus

Unter den folgenden **Bedingungen** kann eine Produkteinführung empfohlen werden:
- Das Segment 3 ist hinreichend groß (ökonomische Tragfähigkeit).
- Die abgeleitete Konfiguration muss im Zeitablauf stabil bleiben bzw. sollte sich bezüglich Z noch verbessern, z. B. durch eine Idealpunktverschiebung des Segments 2 in Richtung des Produktes Z.

5.4 Kombination von Analyseverfahren

Aufgabe 38: (Anwendungszwecke multivariater Verfahren im Vergleich)

Das Unternehmen *SEA-WORLD* stellt Luxusyachten für einen exklusiven Kundenkreis her. Seit einiger Zeit ist die Auftragslage rückläufig und man fragt sich nach den hierfür vorliegenden Gründen. Da angesichts der üblicherweise recht zahlungskräftigen Kunden wirtschaftliche Gründe weitgehend ausgeschlossen werden können, möchte das Unternehmen seine Kunden zu ihrer Einstellung zu Yachten im Allgemeinen, zu ihrem Verhalten beim Yachtkauf sowie speziell zum Image von *SEA-WORLD* befragen.

Als Experte für Marktforschung werden Sie gebeten, Stellung zu der Frage zu beziehen, welche der multivariaten Analyseverfahren geeignet sind, um die folgenden Fragestellungen zu untersuchen. Geben Sie jeweils kurz eine Begründung für die Wahl des Analyseverfahrens.

a) Lassen sich die Befragten entsprechend ihrer Einstellung zum Kauf von Luxusyachten (z. B. Luxusyachten wirken protzig, schädigen die Umwelt, sind ein geeigneter Ort für Geschäftsverhandlungen, ...) in homogene Segmente einteilen?
b) Nehmen Privatvermögen und Alter einen Einfluss darauf, ob jemand eine Luxusyacht besitzt oder nicht?
c) Wie werden verschiedene Hersteller von Luxusyachten relativ zueinander wahrgenommen?
d) Wie wichtig sind Marke, Preis und Ausstattung bei der Wahl einer Luxusyacht?
e) Beurteilen Männer das Image von *SEA-WORLD* anders als Frauen?

Lösung zu Aufgabe 38 a):

Die Klärung der Fragestellung kann mittels **Clusteranalyse** erfolgen. Sie identifiziert Segmente von Konsumenten, die eine ähnliche Einstellung zu Luxusyachten aufweisen.

Lösung zu Aufgabe 38 b):

Zur Klärung dieser Fragestellung bietet sich die **Diskriminanzanalyse** an, die den Einfluss metrisch-skalierter Variablen (Alter, Vermögen) auf Gruppenzugehörigkeiten (Besitzer/ Nichtbesitzer einer Luxusyacht) untersucht.

Lösung zu Aufgabe 38 c):

Eine Positionierung der Hersteller von Luxusyachten im Wahrnehmungsraum von Konsumenten kann mittels **Faktorenanalyse** oder **MDS** gewonnen werden. Während im Fall der Faktorenanalyse die Probanden Luxusyachten verschiedener Hersteller anhand vorgegebener Merkmale zu beurteilen hätten und somit die Dimensionen des Wahrnehmungsraumes (implizit) vorgegeben sind, stellen diese im Fall der MDS ein Resultat der Analyse dar.

Lösung zu Aufgabe 38 d):
Die Ermittlung des Stellenwerts einzelner Produktmerkmale (Marke, Preis, Ausstattung) für die Gesamtpräferenz ist das Anliegen der **Konjunkten Analyse**.

Lösung zu Aufgabe 38 e):
Sofern das Image als metrisch-skalierte Variable aufgefasst wird, käme eine Anwendung der **Varianzanalyse** in Betracht. Generell analysiert die Varianzanalyse den Einfluss nominalskalierter unabhängiger Variablen (wie z. B. Geschlecht) auf metrisch-skalierte abhängige Variablen. Alternativ könnte auch eine Anwendung der **Diskriminanzanalyse** in Betracht kommen. Das Verfahren klärt, ob das Image eine geeignete Variable zur Trennung der Probanden in Männer und Frauen darstellt.

Aufgabe 39: (Diskriminanzanalyse, Clusteranalyse)
Die Diskriminanzanalyse und die Clusteranalyse werden beide als Klassifikationsverfahren bezeichnet. Welche Hauptunterschiede sehen Sie und mit welchen Konsequenzen für den Einsatz im Marketing?

Lösung zu Aufgabe 39:
Die Diskriminanzanalyse ist ein **strukturenprüfendes Verfahren**, die Clusteranalyse zählt zu den **strukturentdeckenden Verfahren**. Die Diskriminanzanalyse ist ein Verfahren zur Analyse von Gruppenunterschieden. Formal betrachtet untersucht sie die Abhängigkeit einer nominal skalierten abhängigen Variablen (der Gruppenvariablen) von metrisch-skalierten unabhängigen Variablen (den Merkmalsvariablen der Elemente). Die Clusteranalyse ist ein Verfahren zur Bündelung von Objekten, also zur Gruppenbildung: Objekte, die einander ähnlich sind, sollen in einer Gruppe (Cluster) zusammengefasst werden. Die Gruppen untereinander sollen dabei möglichst unähnlich sein. Während die Diskriminanzanalyse also von bereits gruppierten Daten ausgeht, geht die Clusteranalyse von ungruppierten Daten aus. Durch die **Clusteranalyse werden Gruppen gebildet**, durch die **Diskriminanzanalyse werden vorgegebene Gruppen untersucht**.

Die **Konsequenz für den Einsatz im Marketing** kann darin gesehen werden, dass man einer Diskriminanzanalyse eine Clusteranalyse vorweg schaltet: So lassen sich z. B. durch Anwendung einer Clusteranalyse Gruppen bilden. Das Ergebnis der Clusteranalyse, die Gruppenbildung, kann sodann mit Hilfe der Diskriminanzanalyse im Hinblick auf die für die Gruppenbildung zentralen diskriminierenden Variablen, die sich als Einflussfaktoren auf die Gruppenbildung interpretieren lassen, untersucht werden.

Aufgabe 40: (Clusteranalyse, Diskriminanzanalyse)
Das Marktforschungsinstitut *Market Partner* wurde von einem Unternehmen mit einer Konkurrenzanalyse des Marktes für Halbleitertechnik beauftragt. Der Auftraggeber interessiert sich insbesondere für eine vergleichende Analyse der Innovationskraft der relevanten Wettbewerber auf dem nationalen Markt für Halbleitertechnik und für Treiber (Einflussfaktoren) der Innovationskraft.

5.4 Kombination von Analyseverfahren

Market Partner hat sich bereits anhand von Sekundärdaten (v. a. Anzahl der angemeldeten Patente der relevanten Unternehmen, Unternehmensgröße, Beteiligung an F&E-Kooperationen in den letzten fünf Jahren, Presseberichte, Internetauftritt) einen groben Eindruck von der Innovationskraft der Unternehmen auf dem Markt verschafft.

Da diese groben Informationen jedoch kaum ausreichen, um darauf belastbare Handlungsempfehlungen zur Gestaltung der Innovationspolitik zu gründen, greift das Institut auf eine Primärforschung zurück. In dieser werden die relevanten Wettbewerber über einen standardisierten Fragebogen zur Innovationskraft befragt. Da die teilnehmenden Unternehmen später Zugriff auf die anonymisierten Ergebnisse der Studie in Form eines kurzen Berichtsbandes erhalten, wird die Teilnahmebereitschaft der Unternehmen als hoch eingestuft.

Die Innovationskraft als abhängige Variable wird in dem von *Market Partner* konzipierten Erhebungsdesign über mehrere Items auf einer 5-Punkt-Skala mit Endpunkten „1 = weit überdurchschnittlich innovativ ... 5 = kaum innovativ" gemessen. Abgeleitet aus einschlägigen empirischen Studien zur Innovationsforschung werden in dem Fragebogen zudem sieben potentielle Determinanten der Innovationskraft verankert. Darunter befinden sich vier Variablen zur Beschreibung des innovativen Mitarbeiterverhaltens als Individuum und in Innovationsteams sowie Mitarbeiterzufriedenheit, Mitarbeitermotivation und Einstellung (Offenheit) gegenüber Neuerungen. Auch diese unabhängigen Variablen werden über eine 5-Punkt-Skala („stimme voll zu ... stimme überhaupt nicht zu" bzw. „sehr zufrieden ... sehr unzufrieden") abgefragt.

Im Rahmen der Datenanalyse des insgesamt als befriedigend eingestuften Rücklaufs von 117 verwertbaren Fragebögen sollen zunächst Unternehmen nach ihrem Innovationsgrad in Gruppen eingeteilt werden. Bei erkennbaren Differenzen sollen diese Gruppen sodann näher auf relevante Einflussfaktoren untersucht werden.

a) Schlagen Sie Analysemethoden vor, die geeignet sind, die von *Market Partner* gesetzten Auswertungsziele zu erreichen.

b) Einen Ausschnitt aus den Ergebnissen der mit dem Statistikprogramm SPSS durchgeführten Datenanalysen zeigen *Tabellen 5.84 bis 5.87*. Interpretieren Sie die Ergebnisse der Datenanalyse und zeigen Sie dem Auftraggeber Ansatzpunkte für Handlungsempfehlungen auf. *Hinweis:* Die Koeffizienten in der Zuordnungsübersicht in *Tabelle 5.84* geben den Abstand der beiden jeweiligen Cluster im gewählten Abstandsmaß und unter Berücksichtigung einer eventuell vorgenommenen Transformation der Werte an, hier also die quadrierte Euklidische Distanz der zugeordneten z-Werte (vgl. Bühl/Zöfel 2005, S. 491 f.)

Tab. 5.84: Zuordnungsübersicht (Ausschnitt)

Schritt	Zusammengeführte Cluster		Koeffizienten	Erstes Vorkommen des Clusters		Nächster Schritt
	Cluster 1	Cluster 2		Cluster 1	Cluster 2	
1	120	121	,000	0	0	2
2	1	120	,000	0	1	6
3	116	119	,000	0	0	6
4	113	118	,000	0	0	9
5	115	117	,000	0	0	7
...	...	...	...	...	...	...
110	5	6	,000	0	0	111
111	1	5	,000	109	110	113
112	2	4	,000	107	108	115
113	1	3	,000	111	0	114
114	1	24	1,000	113	93	116
115	2	13	1,000	112	102	116
116	1	2	2,430	114	115	0

Tab. 5.85: (Nicht) Standardisierte Koeffizienten

Unabhängige Variable	Nicht standardisierter Koeffizient	Standardisierter Koeffizient	F-Wert	Signifikanz
Mean_Mitarbeiter-Teamorientierung	,799	,412	8,389	,005
Mean_Mitarbeiter-Gruppenkohäsion	–,107	–,050	,802	,372
Mean_Mitarbeiter-Eigenverantwortlichkeit	,011	,006	6,983	,009
Mean_Mitarbeiter-Ergebnisorientierung	–1,003	–,506	11,069	,001
Mean_Einstellung (Offenheit für Neuerungen)	,764	,425	9,414	,003
Mean_Mitarbeiterzufriedenheit	,006	,002	5,337	,023
Mean_Situationskontrolle	,920	,444	8,490	,004
Informationen zur Diskriminanzfunktion:				
Wilks Lambda = 0,783				
Kanonische Korrelation = 0,466				
Anteil korrekt klassifizierter Fälle = 71,7 %				

Tab. 5.86: Wilks' Lambda

Test der Funktion(en)	Wilks-Lambda	Chi-Quadrat	df	Signifikanz
1	,783	26,267	7	,000

5.4 Kombination von Analyseverfahren

Tab. 5.87: Funktionen bei den Gruppen-Zentroiden

Innovationsgruppe (hoch vs. schwach)	Funktion 1
schwach innovativ	−,517
hoch innovativ	,526

Nicht-standardisierte kanonische Diskriminanzfunktionen, die bezüglich des Gruppen-Mittelwertes bewertet werden

Lösung zu Aufgabe 40 a):

Die Zuordnung der Unternehmen nach ihrem Innovationsgrad zu unterschiedlichen Gruppen kann mit Hilfe der **Clusteranalyse** vorgenommen werden. Die Zielsetzung der Clusteranalyse besteht darin, eine heterogene Grundgesamtheit von Objekten (hier: Unternehmen) zu homogenen Gruppen (Clustern) zusammenzufassen. Die Objekte werden dazu anhand mehrerer Merkmale beschrieben. Die Gruppenbildung erfolgt so, dass die Gruppen hinsichtlich dieser Merkmale möglichst homogen sind, zwischen den Gruppen aber deutliche Unterschiede bestehen (vgl. Grunwald/Hempelmann 2012, S. 110).

Sofern sich eine Gruppierung der Unternehmen mittels Clusteranalyse finden lässt, kann diese nachgelagert mit Hilfe der **Diskriminanzanalyse** näher untersucht werden. Mittels Diskriminanzanalyse kann herausgefunden werden, welche Merkmale vor allem zur Trennung von Innovationsgruppen beitragen. Hiermit lassen sich also im vorliegenden Fall Determinanten der Innovationskraft aufspüren.

Lösung zu Aufgabe 40 b):

Tabelle 5.84 kann entnommen werden, dass *Market Partner* zunächst eine **Clusteranalyse** durchgeführt hat. Wie in der Aufgabenstellung bereits angegeben, wird im SPSS-Datenoutput unter der Spalte „Koeffizient" der Abstand der beiden jeweiligen Cluster im gewählten Abstandsmaß und unter Berücksichtigung einer gegebenenfalls vorgenommenen Transformation der Werte ausgewiesen. Im vorliegenden Fall handelt es sich um die quadrierte Euklidische Distanz der zugeordneten z-Werte. An jener Stelle, wo sich dieses Abstandsmaß zwischen zwei Clustern sprunghaft erhöht, sollte man die Fusionierung zu neuen Clustern abbrechen, da ansonsten relativ weit voneinander entfernte Cluster zusammengefasst werden würden (vgl. Bühl/Zöfel 2005, S. 492, Grunwald/Hempelmann 2012, S. 117).

Der Koeffizient in *Tabelle 5.84* (Zuordnungsübersicht) weist einen deutlichen Sprung nach dem 115. Fusionierungsschritt aus. Im Fallbeispiel ist dies der Sprung vom Wert 1,00 auf 2,430. Dies bedeutet, dass nach der Bildung von zwei Clustern keine weitere Zusammenfassung mehr vorgenommen werden sollte, die Lösung mit zwei Clustern also die optimale darstellt. Allgemein gesprochen ergibt sich also die **optimale Clusterzahl** als Differenz zwischen der Anzahl der zu clusternden (gültigen) Fälle (hier: 117) und der Schrittzahl, hinter der sich der Koeffizient sprunghaft erhöht (hier: 115). Dies bedeutet bei insgesamt 117 Fällen, dass eine Lösung mit 117 − 115 = 2 Clustern als geeignet erscheint. Mit der Zwei-Cluster-Lösung sind offenbar zwei Innovationsgruppen von Unternehmen aufgedeckt worden, die sich anhand der Mittelwerte der abhängigen Variable Innovationskraft näher charakterisieren ließen.

Die übrigen Spalten in der Zuordnungsübersicht (*Tabelle 5.84*) sollen exemplarisch anhand der Zeile, die zu Schritt 113 gehört, erläutert werden. Hier werden die beiden Cluster 1 und 3 zusammengeführt. Das Cluster 1 wurde zuletzt in Schritt 111 fusioniert und Cluster 3 wird zum ersten Mal fusioniert. Das neue Cluster 1 wird als Nächstes in Schritt 114 weiter zusammengeführt.

Mittels **Diskriminanzanalyse**, deren Ergebnisse in *Tabellen 5.85 ff.* dargestellt sind, möchte das Institut offenbar herausfinden, welche Variablen vor allem zur Trennung der beiden Innovationsgruppen beitragen. Darüber hinaus soll überprüft werden, wie viele Fehlklassifikationen es gibt. Im vorliegenden Fall wird eine Diskriminanzfunktion extrahiert. Der Korrelationskoeffizient zwischen den berechneten Werten der Diskriminanzfunktion und der Gruppenzugehörigkeit (kanonische Korrelation in *Tabelle 5.85*, unterer Teil) fällt mit 0,466 hinreichend aus, so dass die eingehenden Variablen als diskriminatorisch bedeutsam betrachtet werden können. Die Treffergenauigkeit des Modells kann mit 71,7 % als ausreichend bezeichnet werden.

Wilks-Lambda als Quotient aus nicht erklärter Streuung und Gesamtstreuung ist das gebräuchlichste Kriterium zur Beurteilung der gesamten Diskriminanzfunktion. Der Koeffizient kann Werte zwischen 0 und 1 annehmen, wobei der Wert 0 eine hohe und der Wert 1 eine geringe Trennkraft der Diskriminanzfunktion (Varianzerklärung) anzeigen. Über Wilks-Lambda (vgl. *Tabelle 5.86*) wird getestet, ob sich die mittleren Werte der Diskriminanzfunktion in beiden Gruppen signifikant unterscheiden. Im vorliegenden Fall ist die Trennkraft der Diskriminanzfunktion nicht besonders hoch (Wilks Lambda = 0,783), die mittleren Werte der Diskriminanzfunktion in beiden Gruppen unterscheiden sich jedoch in höchst signifikanter Weise voneinander ($p < 0,001$).

Die **Diskriminanzfunktion** kann mittels der standardisierten kanonischen Diskriminanzkoeffizienten wie folgt angegeben werden (vgl. *Tabelle 5.85*):

$$y = 0,412*\text{MEAN\_Mitarbeiter-Teamorientierung} - 0,050*\text{MEAN\_Mitarbeiter-Gruppenkohäsion} + 0,006*\text{MEAN\_Mitarbeiter-Eigenverantwortlichkeit} - 0,506*\text{MEAN\_Mitarbeiter-Ergebnisorientierung} + 0,425*\text{MEAN\_Offenheit} + 0,002*\text{MEAN\_Mitarbeiterzufriedenheit} + 0,444*\text{MEAN\_Situationskontrolle}.$$

Die standardisierten **Diskriminanzkoeffizienten** geben die Gewichtung der einzelnen Einflussfaktoren innerhalb der Diskriminanzfunktion an. Man erkennt, dass die Mitarbeiter-Ergebnisorientierung am stärksten zur Trennung der beiden Gruppen beiträgt. Ferner bedeutsam für die Trennung zwischen hoch vs. schwach innovativen Unternehmen sind die Situationskontrolle, die Offenheit (Einstellung) gegenüber Neuerungen sowie die Mitarbeiter-Teamorientierung. Eine geringe diskriminatorische Bedeutung besitzen dagegen die Mitarbeiter-Eigenverantwortlichkeit und die Mitarbeiterzufriedenheit. Die Betrachtung der standardisierten Diskriminanzkoeffizienten und ihrer Signifikanz (vgl. *Tabelle 5.85*) verdeutlicht, dass alle Variablen mit Ausnahme der Mitarbeiter-Gruppenkohäsion einen signifikant diskriminierenden Effekt aufweisen ($p < 0,05$).

Werden die **Gruppenzentroide** (vgl. *Tabelle 5.87*), also die mittleren Werte der Diskriminanzfunktion in beiden Gruppen, in die Betrachtung mit einbezogen, so deutet ein positives Vorzeichen des Diskriminanzkoeffizienten auf eine höhere Bedeutung des Einflussfaktors für die Gruppe „hoch innovativ" hin, während ein negativer Koeffizient in Richtung der Gruppe „schwach innovativ" weist. Ein negatives Vorzeichen liegt hier nur bei dem signifikanten

Einflussfaktor „Mitarbeiter-Ergebnisorientierung" vor, was bedeutet, dass höhere Ausprägungsgrade dieses Verhaltensmusters eher auf schwach innovative Organisationen hindeuten.

Neben der Relevanz einiger Verhaltensstile der Organisationsmitglieder zeigen die Ergebnisse der Diskriminanzanalyse zusätzlich den signifikanten Einfluss der Situationskontrolle, der Zufriedenheit der Organisationsmitglieder und der Offenheit für Neuerungen für die Zugehörigkeit zu einer der Innovationsgruppen und damit für die Innovationskraft an. Neben drei von vier der betrachteten Mitarbeiter-Verhaltensstile sind sämtliche zusätzlich in die Analyse einbezogenen Einflussfaktoren signifikant, wobei der Mitarbeiterzufriedenheit der relativ schwächste Einfluss zukommt. Die Einflussstärke der Faktoren Offenheit und Situationskontrolle ist etwa gleich hoch ausgeprägt.

Auf der Basis dieser Informationen könnte nun der Auftraggeber der Studie konkrete Maßnahmen zur Verbesserung der Innovationskraft seines Unternehmens durch gezielte Beeinflussung des Mitarbeiterverhaltens ableiten. Angesichts der Ergebnisse der Studie eignen sich hierfür offenbar vor allem die Verbesserung der Situationskontrolle (verstanden als wahrgenommene Veränderungsfähigkeit einer Situation oder Organisation durch das individuelle Handeln der Organisationsmitglieder), die Verbesserung der Einstellungen der Mitarbeiter gegenüber Neuerungen und die Stärkung der Mitarbeiter-Teamorientierung.

Aufgabe 41: (Imagemessung, Positionierungsanalyse, Fishbein-Modell)

Am Beispiel des von Grunwald (2010) analysierten Sportartikelherstellers *Zuma GmbH* soll einerseits das Ineinandergreifen von Methoden qualitativer und quantitativer Forschung, hier vor allem von quantitativer **Marktdatenanalyse** und qualitativer **Imagemessung** sowie **Positionierungsanalyse**, demonstriert werden (vgl. Grunwald 2010, S. 209 ff.). Zum anderen sollen die Nutzung von Marktforschungsergebnissen zur Ableitung und Ausgestaltung von Handlungsalternativen im strategischen Marketing sowie die Systematisierung von Handlungsalternativen durch einen Messansatz zur **Einstellungsmessung** verdeutlicht werden.

Der fiktive deutsche Sportartikelhersteller *Zuma GmbH* sieht sich in seiner bedeutendsten Produktkategorie „Freizeitschuhe" einem rückläufigen Umsatzwachstum auf dem nationalen Markt gegenüber, das zudem deutlich unter dem Branchendurchschnitt liegt (vgl. *Tabelle 5.88*).

Tab. 5.88: Prozentuale Umsatzveränderung gegenüber dem Vorjahr im Branchenvergleich

Jahr	2009	2010	2011
Branche (gesamt)	8	14	15
Zuma	1	6	4

Das von *Zuma* mit der Suche nach möglichen Gründen für diese gegen den Branchentrend laufende Entwicklung beauftragte Marktforschungsinstitut *InfoSearch* führt die Situation insbesondere auf eine im Vergleich mit den wichtigsten Wettbewerbermarken *Adudas*, *Fida* und *Nixe* geringe ungestützte Markenbekanntheit zurück. Darüber hinaus befragte *InfoSearch* eine repräsentative Stichprobe aus der anvisierten Zielgruppe nach den Markenassoziationen von *Zuma* und denen der drei relevanten Wettbewerbermarken. Probanden wurden mit bestimmten Eigenschaften (Attributen) konfrontiert und aufgefordert anzugeben, ob bei den vier betrachteten Marken das Attribut vorhanden ist oder nicht. Als Ergebnis der Befragung zeigt *Tabelle 5.89* den prozentualen Anteil derjenigen Probanden, die glaubten, dass *Zuma*, *Adudas*, *Fida* und *Nixe* das betreffende Attribut aufweisen:

Tab. 5.89: Ergebnisse einer Konsumentenbefragung zu markenbezogenen Attributen

Attribute	Marke besitzt Attribut (in %)			
	Zuma	Adudas	Fida	Nixe
gute Laufeigenschaften	63	56	54	33
robust/langlebig	50	33	35	36
wenig pflegeintensiv	43	25	34	30
modisches Design/Trend-Schuh	27	60	65	67
gutes Preis-Leistungs-Verhältnis	30	47	38	50

Auf der Grundlage dieser Informationen sucht die Geschäftsführung von *Zuma* nach einer geeigneten Strategie des Markenerhalts, um Marktanteile zurückzuerobern. Im Mittelpunkt soll hierbei die Umpositionierung der Marke stehen. Im Einzelnen sind folgende Fragen zu klären:

a) Welche Möglichkeiten des Markenerhalts stehen *Zuma* im Grundsatz zur Verfügung? Systematisieren Sie die Handlungsalternativen unter Verwendung des Einstellungsmodells nach Fishbein.

b) Wie sind diese Alternativen vor dem Hintergrund eines im Wettbewerbsvergleich geringen Marketingbudgets zu bewerten?

c) Wie sollten die Strategiealternativen im Detail ausgestaltet werden?

Lösung zu Aufgabe 41 a):

Aus *Tabelle 5.88* kann die Umsatzveränderung (in %) jeweils zum Vorjahr abgelesen werden. Eine mögliche Ursache des schrumpfenden Umsatzwachstums kann in der geringen ungestützten Markenbekanntheit (Markenerinnerung) gesehen werden, auf die der Falltext direkt hinweist und die hier nicht weiter analysiert werden soll. Weitere Ursachen lassen sich erschließen, wenn man die in *Tabelle 5.88* angegebene Umsatzentwicklung mit den in *Tabelle 5.89* dargestellten Ergebnissen der Marktforschung in Verbindung bringt. Die Marke *Zuma* vermag zwar starke Markenassoziationen bei Konsumenten auszulösen, jedoch wächst der Umsatz erheblich schwächer als bei der Konkurrenz. Offenbar scheint die Mehrzahl der Konsumenten mit der Marke *Zuma* solche Eigenschaften zu assoziieren (wie etwa gute Laufeigenschaften, robust/langlebig, wenig pflegeintensiv), die für den Kauf relativ unwichtig sind.

Für die Strukturierung des Problems von *Zuma* sowie zur Ableitung im Grundsatz geeigneter Handlungsalternativen zum Markenerhalt lässt sich auf ein grundlegendes Multiattributmodell zur Einstellungsmessung nach *Fishbein* zurückgreifen (vgl. Kroeber-Riel/Weinberg 1996, S. 200 f.). Nach dem **Fishbein-Modell** ergibt sich die Einstellung von Person i zu einem Objekt j aus (1) der Wahrscheinlichkeit, mit der Person i Eigenschaft k bei Objekt j für vorhanden hält („Vorhandenseinswahrscheinlichkeit") als **kognitive Einstellungskomponente**, multipliziert mit (2) der Bewertung der Eigenschaft k durch Person i (Wichtigkeit für Person i bzw. „Bedeutungsgewicht") als **affektive Einstellungskomponente**, summiert über alle k Eigenschaften des Objekts. Formal lässt sich die Einstellung einer Person zu einem Einstellungsobjekt (etwa einer Marke) wie folgt angeben:

5.4 Kombination von Analyseverfahren

$$E_{ij} = \sum_{k=1}^{s} P_{ijk} \cdot Q_{ik}$$

mit: P_{ijk} = Wahrscheinlichkeit, mit der Person i Eigenschaft k bei Objekt j für vorhanden hält (z. B. „Für wie wahrscheinlich halten Sie es, dass ein *Zuma*-Schuh die Eigenschaft XY aufweist?")

Q_{ik} = Bewertung der Eigenschaft k durch Person i (z. B. „Wenn Sie *Zuma*-Schuhe mit der Eigenschaft XY verbinden, wie wichtig ist Ihnen diese Eigenschaft bzw. finden Sie diese gut, schlecht oder ist Ihnen diese Eigenschaft gleichgültig?")

E_{ij} = Einstellung von Person i zu Objekt j

Unter Berücksichtigung dieser Modellstruktur lassen sich die in *Tabelle 5.89* dargestellten Werte als Wahrscheinlichkeiten für das Vorliegen einer bestimmten Eigenschaft bei Marke *Zuma*, also als P_{ijk} (Vorhandenseinswahrscheinlichkeiten), interpretieren. Auf die Bedeutungsgewichte lässt sich – wie bereits erwähnt – analog schließen, wenn man ergänzend die in *Tabelle 5.88* dargestellten Werte betrachtet.

Aus dem gewählten Modellansatz leiten sich zwei *alternative Vorgehensweisen* für den Markenerhalt von *Zuma* ab:

(1) Das Unternehmen könnte eine Annäherung an die Konkurrenz im Sinne der **Imitationsstrategie** verfolgen. Hierbei müssten die bestehenden Markenassoziationen für *Zuma* in Richtung der Wettbewerbermarken verändert werden, z. B. indem man die Gemeinsamkeiten bei kaufrelevanten Eigenschaften stärker herausstellt. Technisch ausgedrückt müsste man die Wahrscheinlichkeit steigern, mit der Konsumenten Eigenschaften wie „modisches Design/Trend-Schuh" und „gutes Preis-Leistungs-Verhältnis" bei *Zuma* für vorhanden halten. Hierbei bräuchte die Eigenschaftsbewertung (affektive Einstellungskomponente) der Konsumenten nicht verändert zu werden, weil diese Eigenschaften offenbar bereits als hoch kaufrelevant erachtet werden. Flankierend hierzu könnte *Zuma* Anstrengungen unternehmen, die Wahrscheinlichkeit zu senken, mit der Konsumenten die besonders kaufrelevanten Eigenschaften mit den Konkurrenzmarken verbinden. Angestrebt wird also in beiden Fällen eine Änderung der kognitiven Einstellungskomponente im Sinne des Fishbein-Modells.

(2) Eine andere Möglichkeit besteht darin, im Sinne der **Differenzierungsstrategie** die vorhandenen Markenassoziationen für *Zuma* unverändert beizubehalten und stattdessen die Eigenschaftsbewertung der bislang als unwichtig (wenig kaufrelevant) eingestuften Attribute, mit denen die Marke *Zuma* in Verbindung gebracht wird, wie „gute Laufeigenschaften", „robust/langlebig" und „wenig pflegeintensiv", zu verbessern. Praktisch läuft diese Strategie auf die Betonung von Unterschieden zu den wichtigsten Konkurrenzmarken hinaus, welche mit diesen Eigenschaften kaum assoziiert werden (d. h. geringe Vorhandenseinswahrscheinlichkeiten aufweisen). Flankierend hierzu mag die Bedeutung (Wichtigkeit, Kaufrelevanz) solcher Eigenschaften abgeschwächt werden, mit denen Konsumenten bevorzugt die bestehenden Konkurrenzmarken verbinden. Verfolgt werden mit dieser Strategie also die Änderung der affektiven Einstellungskomponente nach dem Fishbein-Modell und die Positionierung der Marke in einer Marktnische.

Abbildung 5.20 fasst die erläuterten Optionen des Markenerhalts zusammen. Hierbei sind in der Vertikalen die Markenassoziationen von *Zuma* („Vorhandenseinswahrscheinlichkeiten") dargestellt, welche einmal stark (+) und einmal schwach (−) ausgeprägt sein können. In der Horizontalen ist die Bewertung („wahrgenommene Wichtigkeit") von Eigenschaften der Marke *Zuma* abgebildet, die ebenfalls hoch (+) bzw. niedrig (−) ausfallen kann. Die beschriebenen Handlungsalternativen ergeben sich durch Kreuzung dieser beiden Dimensionen:

Die *Imitationsstrategie* (1) zielt auf die Annäherung an die Konkurrenz durch Stärkung der Markenassoziationen bei gegebenen, aus Sicht der Konsumenten als hoch wichtig bewerteten Eigenschaften (Bedeutungsgewichte).

Die *Differenzierungsstrategie* (2) zielt auf die Veränderung der Bedeutungsgewichte bei gegebenen stark mit *Zuma* assoziierten Eigenschaften.

Das Ziel besteht also in beiden Fällen darin, bestehende Defizite bei den Markenassoziationen (kognitive Einstellungskomponente) bzw. bei der Bewertung von Eigenschaften (affektive Einstellungskomponente) strategisch auszugleichen (vgl. den grau unterlegten Zielbereich in *Abbildung 5.20*).

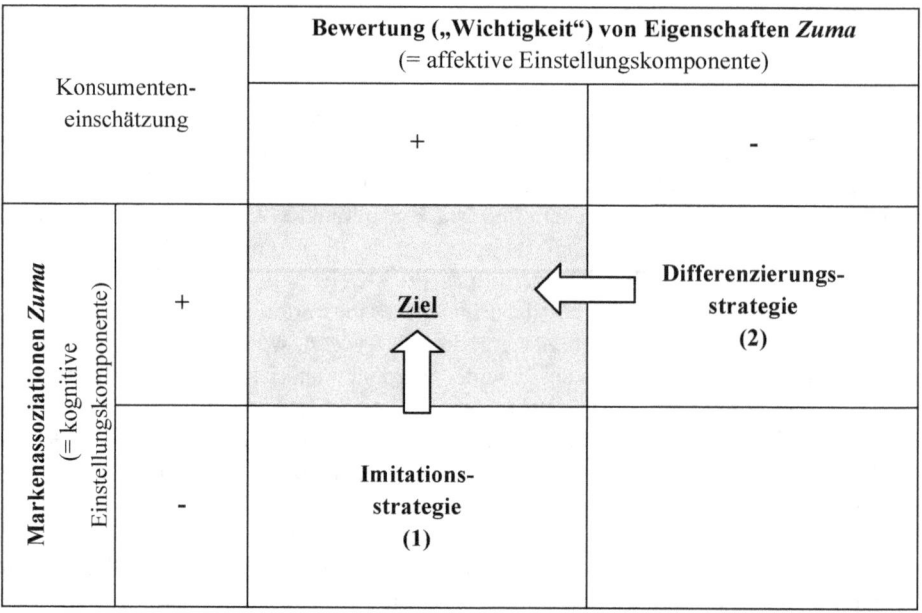

Abb. 5.20: Strategische Optionen des Markenerhalts von *Zuma* im Überblick (Quelle: Grunwald 2010, S. 212.)

Lösung zu Aufgabe 41 b):

Die Vorteile der *Imitationsstrategie* liegen in der Konzentration auf bereits vorhandene, besonders wichtige (d. h. kaufrelevante) Eigenschaften, um den Konkurrenzerfolg zu kopieren. Man betont das Vorhandensein von solchen Eigenschaften, die wirklich kaufrelevant sind und mit denen die Wettbewerbermarken bereits erfolgreich geworben haben. Dadurch scheint eine rasche Umsatzsteigerung möglich. Es fragt sich allerdings, ob der Markt an dieser hart umkämpften Position (in der Nähe der Wettbewerber) noch weitere Anbieter vertragen kann. Das entsprechende Marktsegment in diesem Bereich muss eine hinreichende Größe aufweisen, um einen weiteren Anbieter aufnehmen zu können. Mit einer solchen „**Mee-too**"-**Position** steigt jedoch auch das Risiko von Imageverlusten bei *Zuma*. Nicht nur ist eine solche Veränderung der Markenassoziationen im Rahmen der Umpositionierung kostspielig; die Marke verliert wohlmöglich auch ihren einzigartigen Wettbewerbsvorteil (USP) samt ihrer bisherigen Käuferschaft. Zudem kann *Zuma* an der neuen Position leichter von Nachfragern substituiert werden, was sich wiederum nachteilig auf die Nachfrage nach *Zuma*-Schuhen auswirken kann.

Die *Differenzierungsstrategie* hat den Vorteil, dass die bestehenden Assoziationen nicht mehr kostspielig geformt oder verändert werden brauchen. Das vorhandene knappe Marketingbudget kann vollständig auf die Erhöhung der Gewichtung dieser Eigenschaften ausgerichtet werden. Insgesamt scheint diese Variante risikoärmer und kostengünstiger als die Imitationsstrategie. Die bereits vorhandene einzigartige und unverwechselbare Wettbewerbsposition (USP) kann erhalten bzw. ausgebaut werden. Damit wird der **Grad der Substituierbarkeit** der Marke *Zuma* reduziert. Allerdings könnte die Wichtigkeitsbetonung der bislang mit *Zuma* assoziierten Eigenschaften nicht ausreichen, um eine rasche Umsatzsteigerung zu realisieren. Zudem besteht die Gefahr des Markteintritts neuer Konkurrenten in das derzeit von *Zuma* besetzte Nischensegment, sofern mit einem Ansteigen der Segmentgröße gerechnet wird.

Lösung zu Aufgabe 41 c):
Die *Imitationsstrategie* müsste berücksichtigen, dass *Zuma*-Schuhe modisch und im Trend bzw. „Kult" sind und ein hervorragendes Preis-Leistungs-Verhältnis aufweisen. Damit sind vor allem Änderungen in der Ausrichtung der Kommunikations- und Produktpolitik angezeigt. Das Produkt könnte z. B. in der Werbung zusammen mit modisch-aktiven/vitalen Personen gezeigt werden, die gleichzeitig Trendsetter und preisbewusst sind. Es müsste deutlich kommuniziert werden, dass das Tragen von *Zuma*-Schuhen auch im Freundes- und Bekanntenkreis akzeptiert ist und das eigene Image befördert. Die Berücksichtigung unterschiedlicher Altersgruppen und Verwendungssituationen etwa in der Werbekampagne (z. B. das Tragen des Sportschuhs in der Club-Szene und abseits sportlicher Aktivitäten) erhöht zudem das Spektrum möglicher Kaufinteressenten und damit letztlich die Segmentgröße. Flankierend können im Wege vergleichender Werbung Defizite der Konkurrenzmarken bei den fokussierten kaufrelevanten Eigenschaften aufgezeigt werden.

Bei Entscheidung für die *Differenzierungsstrategie* müsste das Unternehmen einerseits deutlich machen, dass sich *Zuma*-Schuhe positiv in den Laufeigenschaften, in Langlebigkeit/Haltbarkeit und Pflegeintensität markant von den bestehenden Wettbewerbermarken abheben. Der Fokus der Strategie liegt also klar auf der Leistungs-/Qualitätsebene, die den **Produktkern** in den Mittelpunkt rückt. Die **Produktperipherie** (wie etwa der Produktpreis und das von Konsument zu Konsument unterschiedlich wahrgenommene Design) stehen dagegen nicht im Vordergrund. Zum anderen müsste Konsumenten die Wichtigkeit dieser Eigenschaften nahe gebracht werden, z. B. durch Verweis auf Gesundheitsaspekte, sportmedizinische Gutachten, Langzeit-Belastungstests, Prüf- und Gütesiegel sowie Stiftung-Warentest-Urteile. Umgekehrt kann auf die Risiken des Fehlens solcher Eigenschaften bei Freizeitschuhen aufmerksam gemacht werden. Insgesamt sollte sich *Zuma* im Rahmen einer

Qualitätsoffensive glaubwürdig als echte Alternative zu den bestehenden Wettbewerbermarken darstellen.

Bei beiden Strategien müsste zudem noch sichergestellt werden, dass die zu beklagende geringe ungestützte Markenbekanntheit durch eine entsprechende Wahl der **Markenelemente** (wie Logo, Slogan, Jingle) gesteigert wird.

6 Qualitätsbeurteilung

Aufgabe 42: (Befragung, Gütekriterien)

Zur Aufnahme einer neuen Produktionsserie von Behandlungsstühlen für Zahnarztpraxen hat das Unternehmen *Mediatechnica* die Kaufbereitschaft im Rahmen einer empirischen Studie ermittelt. Angesichts mangelnder Auskunftsbereitschaft der Zahnärzte wurden deren Helferinnen befragt. Der von den Probanden auszufüllende Fragebogen umfasste neben einigen Fragen zu beschreibenden Merkmalen der Praxen auch die Erhebung der Einschätzungen der Probanden hinsichtlich des Vorliegens ausgewählter Produkteigenschaften. Die Wichtigkeit der ausgewählten Produkteigenschaften wurde aus den Ergebnissen von Tiefeninterviews, die vor einigen Jahren mit Zahnärzten durchgeführt wurden, abgeleitet. Ergänzt wurden diese Wichtigkeitsurteile um solche, die sich insbesondere auf ästhetische Merkmale des Behandlungsstuhls beziehen, da diese Merkmale von den Probanden regelmäßig als weitere wichtige Produkteigenschaften genannt wurden. Im Zuge der Auswertung der erhobenen Daten wurde ein Kaufbereitschaftsindex berechnet, indem für jede Produkteigenschaft die Einschätzung ihres Vorliegens mit der Wichtigkeit ihres Vorliegens multipliziert und anschließend das Ergebnis dieser Multiplikation über alle Produkteigenschaften addiert wurde. Nachdem die Ergebnisse der Untersuchung vorliegen, bittet der Firmeninhaber einen ihm bekannten Marktforschungsexperten, diese zu beurteilen. Der Experte äußert dabei Zweifel daran, dass in der vorliegenden Untersuchung tatsächlich das gemessen wurde, was ursprünglich zu messen beabsichtigt war.

Kommen auch Ihnen Zweifel an der Güte des gewählten Untersuchungsdesigns? Begründen Sie Ihre Antwort.

Lösung zu Aufgabe 42:

Fraglich erscheint zunächst die **Aktualität** der erhobenen Wichtigkeitsurteile. Auch wurde die **falsche Zielgruppe** befragt (Helferinnen anstelle von Zahnärzten). Offen ist daher, ob die ebenfalls berücksichtigten ästhetischen Merkmale auch für Zahnärzte **entscheidungsrelevant** sind. Die vorgenommene Ermittlung des **Kaufbereitschaftsindices** setzt voraus, dass die Einschätzung des Vorliegens der Produkteigenschaften unabhängig vom Wichtigkeitsurteil ist, was nicht unbedingt gegeben zu sein braucht, in jedem Fall aber vorab geprüft werden sollte.

Aufgabe 43: (Marktforschungskonzept, Experimentaufbau, Gütebeurteilung)

Herr Udo Voßler ist bereits kurz nach dem Examen in das Forschungsteam der deutschen Niederlassung einer internationalen Unternehmensberatungsgesellschaft eingetreten. Die erste ihm zugewiesene Aufgabe besteht darin, für zwei Kunden geeignete Konzepte für Werbewirkungstests auszuwählen. Einer der Kunden ist der Jeans-Spezialist Leifi Nandu & Co., der zwei Werbekampagnen testen möchte: eine Image-Kampagne und eine Einführungswerbung für neuentwickelte Freizeit-Overalls. Der zweite Kunde, ein Hersteller von Kosmetikprodukten, möchte eine Werbung für Flüssigseife beurteilen lassen.

Voßler liegen Angebote von drei Marktforschungsgesellschaften vor, die grundsätzlich zur Durchführung eines Werbewirkungstests geeignet sind. Die nachfolgende Tabelle fasst diese Angebote zusammen.

Tab. 6.1: Angebote von drei Marktforschungsinstituten

	Bellensbach	Mapes & Ross	Tele-Research
Ort der Durchführung	Wohnung des Probanden	Wohnung des Probanden	in einem Einkaufszentrum
Anzahl der Testgebiete	Drei	Drei	Eins
Stichprobenumfang	3 * 200 Personen	3 * 200 Personen	600 Personen, 250 davon mit Werbekontakt
Vormessungen	keine	Markenbekanntheit, Präferenz	Markenverwendung
Kontrollgruppe	Nein	Nein	Ja, 350 Pers.
Kontaktsituation	natürlich, Besuch der Probanden zuhause	Einladung zur Betrachtung eines Werbeprogramms	erzwungener Kontakt, Untersuchungszweck verborgen
Experiment-Design	E – A	E – B – A	E – A C – A
geschätzte Kosten	€ 18.000 + Mediakosten	€ 18.000 + Mediakosten	€ 12.000
Indikator der Werbewirkung	Recallwert, gemessen über rel. Anzahl der Nennungen	Markenbekanntheit, Präferenzänderungen	Verkaufszahlen: Relation der Absatzmengen in beiden Gruppen

Diskutieren Sie die Eignung der drei Marktforschungskonzepte für die Durchführung der anstehenden Werbewirkungstests. Gehen Sie dabei insbesondere auf folgende Punkte ein.
- Zielgruppenerreichung,
- Eignung der Werbewirkungsgrößen,
- Reliabilität und Validität.

Lösung zu Aufgabe 43:

Das *Konzept von Bellensbach* enthält weder Vormessungen noch eine Kontrollgruppe, die Ergebnisse sind daher **nicht valide**. Die **Reliabilität** ist prüfbar, da drei Testgebiete verwendet werden. Die Zielgruppenerreichung ist schwierig zu beurteilen, es bleibt offen, wie die Probanden genau ausgewählt werden sollen. Positiv an dem Konzept ist, dass die Untersuchung in natürlicher Umgebung stattfindet, d. h. es handelt sich um ein **Feldexperiment**. Der **Recallwert** (= ungestützte Markenerinnerung) eignet sich vor allem zur Beurteilung der Einführungswerbung. Zur Beurteilung der Image-Kampagne ist er allerdings weniger geeignet, denn die **Werbeerinnerung** kann auch bei schlechtem Image hoch sein.

6 Qualitätsbeurteilung

Auch beim Konzept von *Mapes & Ross* fehlt die Kontrollgruppe, die Ergebnisse sind daher **nicht valide**. Die Reliabilität ist wiederum prüfbar, da drei Testgebiete verwendet werden. Auch hier findet die Untersuchung in natürlicher Umgebung statt, offen ist aber wieder die genaue Auswahl der Probanden. Die **Markenbekanntheit** ist ein geeigneter Indikator zur Beurteilung aller drei Werbekampagnen. Die abgefragte **Präferenzänderung** eignet sich vor allem zur Beurteilung der Image-Kampagne.

Die beim Konzept von *Tele-Research* erhaltenen Ergebnisse sind **intern valide**, da eine Kontrollgruppe vorhanden ist. Zweifel können aber hinsichtlich der **externen Validität** bestehen, da nicht klar ist, was mit dem erzwungenen Kontakt gemeint ist. Kritisch ist auch die fehlende Vormessung der Verkaufszahlen zu sehen. Implizit wird davon ausgegangen, dass die Ausgangslage in Experiment- und Kontrollgruppe identisch ist. Die Reliabilität der Ergebnisse ist bei diesem Konzept nicht unmittelbar prüfbar, da nur ein Testgebiet vorliegt. Die Zielgruppenerreichung hängt vor allem von der geeigneten Auswahl des Einkaufszentrums ab. Offen bleibt im Übrigen auch hier, wie die Auswahl der Probanden genau erfolgen soll. Die herangezogenen **Verkaufszahlen** sind zur Beuteilung der Werbekampagnen allenfalls bedingt geeignet. So ist etwa im Fall der Einführungswerbung zunächst eine gewisse Bekanntheit sicher zu stellen, bevor mit nennenswerten Verkäufen zu rechnen ist. Am ehesten eignen sich Verkaufszahlen noch zur Beurteilung der Werbung für die Flüssigseife, wobei auch in diesem Fall die Verkaufszahlen von anderen Marketingaktivitäten (mit) beeinflusst werden.

Aufgabe 44: (Reliabilitätsanalyse, Cronbach-alpha-Koeffizient)

Die zentrale Marktforschung eines großen Chemiekonzerns erhält den Auftrag von einer Tochtergesellschaft des Konzerns, die Arbeitszufriedenheit der Mitarbeiter einer Produktionsstätte zu messen. Ein Praktikant der Marktforschungsabteilung hat für dieses Untersuchungsziel einen Fragebogen mit folgenden 13 Aussagen entworfen, die mit Hilfe einer Fünf-Punkt-Skala („stimme vollkommen zu", „stimme weitgehend zu", „teils, teils", „stimme kaum zu", „stimme gar nicht zu") abgefragt werden sollen (vgl. Bühl/Zöfel 2005, S. 462).

1. Mir gefällt meine Arbeit.
2. Meine Arbeit belastet mich.
3. Meine Arbeit ist sinnvoll.
4. Meine Arbeit ist interessant.
5. Ich bin stolz auf meine Arbeit.
6. Ich kann bei meiner Arbeit eigene Ideen einbringen.
7. Bei meiner Arbeit kann ich auch mal kürzer treten.
8. Ich bin entsprechend meinen Fähigkeiten eingesetzt.
9. Für meine Arbeit werde ich leistungsgerecht bezahlt.
10. Ich bin mit meiner Arbeitszeitregelung zufrieden.
11. Meine Arbeit ist stressig.
12. Ich würde meine Arbeitssituation gerne verändern.
13. Ich würde lieber den Arbeitgeber wechseln.

An der Befragung haben sich 120 Mitarbeiter beteiligt. Vor Durchführung der Reliabilitätsanalyse mit dem Statistikprogramm SPSS werden jene Items umkodiert, die negativ formuliert sind. Eine negative Formulierung liegt hier vor bei den Items Nr. 2, 11, 12 und 13. In SPSS wurden die 13 Items als Variablen a1 bis a13 angelegt. Einer umkodierten Variablen wird der Variablenname „Ra_" zugewiesen.

Die Ergebnisse der Reliabilitätsanalyse können *Tabellen 6.2* und *6.3* entnommen werden.

Tab. 6.2: Reliabilitätsstatistiken (vgl. Bühl/Zöfel 2005, S. 463.)

Cronbachs Alpha	Anzahl der Items
,824	13

Tab. 6.3: Item-Skala-Statistiken (vgl. Bühl/Zöfel 2005, S. 464.)

Item	Skalenmittelwert, wenn Item weggelassen	Skalenvarianz, wenn Item weggelassen	Korrigierte Item-Skala-Korrelation	Cronbachs Alpha, wenn Item weggelassen
a1	31,5000	69,109	,654	,803
Ra2	31,1583	72,975	,260	**,826**
a3	31,4417	70,383	,450	,813
a4	31,4500	67,241	,583	,803
a5	30,8500	67,675	,473	,811
a6	30,8500	65,305	,574	,802
a7	30,1333	73,965	,182	**,832**
a8	30,8083	64,055	,631	,797
a9	29,9583	67,620	,481	,810
a10	31,4500	70,804	,358	,819
Ra11	30,6750	72,574	,282	**,824**
Ra12	30,5333	62,201	,649	,795
Ra13	31,4917	66,958	,508	,808

a) Beurteilen Sie die Reliabilität der verwendeten Skala anhand des Cronbach-alpha-Koeffizienten! Kann die von dem Praktikanten erarbeitete Skala auch für weitere Befragungen mit demselben Untersuchungsziel verwendet werden?

b) Wie lässt sich die Reliabilität der Skala steigern?

Lösung zu Aufgabe 44 a):

Als Faustregel kann gelten, dass bei Skalen ab alpha = 0,75 eine befriedigende und ab alpha = 0,85 eine gute Skalenqualität vorliegt (vgl. Grunwald/Hempelmann 2012, S. 72). Im vorliegenden Fall errechnet sich der Cronbach-alpha-Koeffizient zu 0,824 (vgl. *Tabelle 6.2*), so dass die Reliabilität der Skala als gut bezeichnet werden kann. Die von dem Praktikanten erarbeitete Skala kann also durchaus für weitere Befragungen mit demselben Untersuchungsziel verwendet werden.

Lösung zu Aufgabe 44 b):

Der letzten Spalte von *Tabelle 6.3* kann entnommen werden, wie sich der Cronbach-alpha-Koeffizient verändern würde, wenn das jeweilige Item aus dem Fragebogen gelöscht werden würde. Wie ersichtlich ist, lassen sich der Cronbach-alpha-Koeffizient und die an diesem Koeffizienten gemessene Reliabilität steigern, wenn die Items Nr. 2, 7 und 11 aus dem Fragebogen gelöscht werden. Denn für diese Items ist der in der letzten Spalte ausgewiesene alpha-Wert mindestens gleich groß (bei Item Nr. 11) oder höher (bei Item Nr. 2 und Item Nr. 7) als der zu der vollständigen Skala mit 13 Items berechnete Wert von 0,824.

Tabelle 6.4 zeigt die neue Reliabilitätsstatistik für die nur noch aus 10 Items bestehende Skala.

Tab. 6.4: Reliabilitätsstatistiken (gekürzte Skala)

Cronbachs Alpha	Anzahl der Items
,856	10

Literatur

Asche, Thomas, Das Sicherheitsverhalten von Konsumenten, Heidelberg 1990.

Backhaus, Klaus, Bernd Erichson, Wulff Plinke und Rolf Weiber, Multivariate Analysemethoden: Eine anwendungsorientierte Einführung, 10. Aufl., Berlin u. a. 2003.

Bearden, William O., Richard G. Netemeyer und Kelly L. Haws, Handbook of Marketing Scales – Multi-Item Measures for Marketing and Consumer Behavior Research, 3. Aufl., Thousand Oaks 2010.

Berekoven, Ludwig, Werner Eckert und Peter Ellenrieder, Marktforschung, 12. Aufl., Wiesbaden 2009.

Boulding, William, Amna Kirmani, A Consumer-Side Experimental Examination of Signaling Theory: Do Consumers Perceive Warranties as Signals of Quality?, in: Journal of Consumer Research 20, 1993, S. 111–123.

Bruner, Gordon C. II, Paul J. Hensel und Karen E. James, Marketing Scales Handbook, Bd. 4, Carbondale 2005.

Bühl, Achim und Peter Zöfel, SPSS 12 – Einführung in die moderne Datenanalyse unter Windows, 9. Aufl., München 2005.

Eisenführ, Franz und Martin Weber, Rationales Entscheiden, Berlin et al. 2003.

Grunwald, Guido, Markenstrategien kleiner und mittlerer Unternehmen (KMU) – dargestellt am Beispiel der Umpositionierung einer Sportartikelmarke, in: Meyer, Jörn-Axel (Hrsg.): Strategien von kleinen und mittleren Unternehmen – Jahrbuch der KMU-Forschung und -Praxis 2010, Lohmar – Köln 2010, S. 201-215.

Grunwald, Guido und Bernd Hempelmann, Angewandte Marktforschung, 1. Aufl., München 2012.

Hammann, Peter und Bernd Erichson, Marktforschung, 3. Aufl., Stuttgart 1994.

Hempelmann, Bernd und Guido Grunwald, Der Mehrpreis von Markenprodukten: Erklärungsansätze und Messkonzepte, in: Wirtschaftswissenschaftliches Studium (WiSt), 37. Jg., H. 6, 2008, S. 303–308.

Jungermann, Helmut, Hans-Rüdiger Pfister und Katrin Fischer, Die Psychologie der Entscheidung – Eine Einführung, 2. Aufl., München 2005.

Kroeber-Riel, Werner und Peter Weinberg, Konsumentenverhalten, 6. Aufl., München 1996.

Matzler Kurt, Martin Rier, Hans H. Hinterhuber, Birgit Renzl und Christian Stadler, Methods and concepts in management: significance, satisfaction and suggestions for further research – perspectives from Germany, Austria and Switzerland, in: Strategic Change 14, 2005, S. 1–13.

Tontini, Gérson und Amélia Silveira, Identification of satisfaction attributes using competitive analysis of the improvement gap, in: International Journal of Operations & Production Management, Vol. 27, No. 5, 2007, S. 482–500.

Tversky, Amos und Daniel Kahnemann, Judgement under Uncertainty, in: Science, Vol. 185, No. 4157, 1974, S. 1124–1131.

www.ingramcontent.com/pod-product-compliance
Lightning Source LLC
Chambersburg PA
CBHW082206220526
45470CB00010B/3065